Nobres verdades, nobre caminho

Dados Internacionais de Catalogação na Publicação (CIP)
(Câmara Brasileira do Livro, SP, Brasil)

Nobres verdades, nobre caminho : a essência dos ensinamentos originais do Buda / edição e introdução de Bhikkhu Bodhi; tradução de Caesar Souza. – Petrópolis: Vozes, 2024.

Título original: Noble truths, noble path
ISBN 978-85-326-6970-4

1. Buda 2. Budismo – Ensinamentos I. Bodhi, Bhikkhu.

24-217301 CDD-294.34

Índices para catálogo sistemático:

1. Budismo : Ensinamentos 294.34

Eliane de Freitas Leite – Bibliotecária – CRB-8/8415

Nobres verdades, nobre caminho

A ESSÊNCIA DOS ENSINAMENTOS ORIGINAIS DO BUDA

Edição e introdução de

Bhikkhu Bodhi

Tradução de Caesar Souza

EDITORA VOZES

Petrópolis

Tradução do original em inglês intitulado *Noble Truths, Noble Path – The heart essence of the Buddha's original teachings*.

Diagramação: Editora Vozes
Revisão gráfica: Nilton Braz da Rocha/Fernando Sergio Olivetti da Rocha
Capa: Editora Vozes

ISBN 978-85-326-6970-4 (Brasil)
ISBN 978-1-61429-798-7 (Estados Unidos)

Este livro foi composto e impresso pela Editora Vozes Ltda.

Sumário

Abreviações, 7

O alfabeto páli, 9

Introdução, 11

1 – As quatro nobres verdades: A matriz do ensinamento, 19

2 – Os cinco agregados: O significado do sofrimento, concisamente, 35

3 – As bases dos seis sentidos: Os canais pelos quais se origina o sofrimento, 58

4 – Originação dependente: A originação e cessação do sofrimento, 77

5 – O caminho e a via: As práticas que levam ao fim do sofrimento, 102

6 – O incondicionado: O objetivo, 135

Glossário páli-português, 139

Referências, 141

Abreviações

AN	Aṅguttara Nikāya
DN	Dīgha Nikāya
MN	Majjhima Nikāya
PTS	Pali Text Society
SN	Saṃyutta Nikāya
Sn	Suttanipāta
Spk	Sāratthappakāsinī (comentário a SN)
Sv	Sumaṅgalavilāsinī (comentário a DN)
Vibh	Vibhaṅga
Vin	Vinaya Piṭaka
Vism	Visuddhimagga

O ALFABETO PÁLI

O alfabeto páli consiste de 42 letras divididas em 8 vogais, 33 consoantes, e um som nasal chamado *niggahīta*.

As 8 vogais são: *a, ā, i, ī, u, ū, e, o*.

As consoantes são divididas nos seguintes grupos:

Guturais	*k*	*kh*	*g*	*gh*	*ṅ*
Palatais	*c*	*ch*	*j*	*jh*	*ñ*
Cerebrais	*ṭ*	*ṭh*	*ḍ*	*ḍh*	*ṇ*
Dentais	*t*	*th*	*d*	*dh*	*n*
Labiais	*p*	*ph*	*b*	*bh*	*m*

Consoantes líquidas: *r, l, ḷ, ḷh*
Semivogais: *y, v*
Sibilante: *s*
Aspirada: *h*
Niggahīta: *ṃ*

O páli é pronunciado um pouco diferente em diferentes países theravada. Descrevo, aqui, a pronúncia do Sri Lanka, que provavelmente corresponde mais estritamente à pronúncia do norte da Índia do que a usada nos países do Sudeste Asiático:

a como em "vã"

ā como em "má"

i como em "vim"

ī como em "sim"

u como em "buquê"

ū como em "rua"

e como em "leite", mas antes de uma consoante dupla mais como em "mede"

o como em "estou", mas antes de uma consoante dupla pronunciado mais energicamente, como em "pouso".

Dentre as vogais, *a*, *i* e *u* são curtas; ā, ī e ū são longas, mantidas duas vezes a duração das vogais curtas. As vogais *e* e *o* são de duração variável. São longas quando ocorrem no fim de uma sílaba, como em *tesaṃ*, "a eles", e *loko*, "mundo"; são curtas quando são seguidas por uma consoante com a qual formam uma sílaba, como em *mettā*, "bondade amorosa", e *gotta*, "clã". Um *o* e um *e* sempre trazem uma ênfase; do contrário, a ênfase cai em uma vogal longa – *ā, ī, ū*, ou em uma consoante dupla, ou em uma *ṃ* interno.

Entre as consoantes, as guturais são articuladas na garganta, as palatais com a língua contra o palato. O *g* gutural é sempre pronunciado como em "grande", o *c* palatal, como o *t* em "tiro", a nasal *ñ*, usualmente como o *nh* em "canhão", mas antes de uma consoante palatal (como em *c* ou *j*, como em *sañjāti*) como um *n* comum, mas com a língua contra o palato. As cerebrais (também chamadas retroflexas ou linguais) são faladas com a língua enrolada para trás; as dentais, com a língua contra os dentes superiores. As aspiradas – *kh, gh, ch, jh, ṭh, ḍh, th, dh, ph, bh* – são consoantes únicas, cada uma representada nos escritos asiáticos por uma única letra; são pronunciadas levemente com mais força do que as não aspiradas. Assim, *th* é pronunciado como em inglês "Thom" (não como em "thin"); *ph* como em "pufe" (não como em "fone"). Consoantes duplas são sempre enunciadas separadamente, por exemplo *dd* como em inglês "mad dog", *gg* como em inglês "big gun".

No Sri Lanka e outros países budistas theravada, o *niggahīta* é correntemente pronunciado como *ng* em "míngua", e, na Índia, como o *m* em "uma", mas, historicamente, pode ter sido pronunciado como uma vogal nasal pura como no francês *enfant*. Por vezes, ocorre dentro de palavras (por exemplo, em *vaṃsa*, "linhagem", e *paṃsu*, "poeira"); mas muitas vezes vem no fim de palavras seguindo as vogais *a*, *i* e *u*, por exemplo, em *rūpaṃ*, *sambodhiṃ* e *avocuṃ*.

Introdução

Há alguns anos publiquei um livro intitulado *Reading the Buddha's discourses in Pāli* [Lendo os discursos do Buda em páli], voltado para ajudar os estudantes do budismo a aprenderem a ler os textos do Cânone Páli na língua em que foram preservados, a antiga língua indiana conhecida, agora, como páli. O livro, baseado em um programa semanal em páli que conduzi ao longo de três anos, era, basicamente, um manual páli-inglês, dotado de explicações gramaticais detalhadas e de um glossário. Após o livro ter sido publicado, vários de meus alunos sugeriram que eu preparasse uma antologia composta de suttas usados naquele livro, mas despido do aparato linguístico e gramatical.

O presente trabalho é minha resposta a esse pedido. Contém todos os suttas de *Lendo os discursos do Buda*, mas com as traduções originais ligeiramente revisadas para as tornar mais "fáceis de ler". Em vários casos, restaurei porções dos textos originais não incluídas no manual porque eram menos relevantes aos seus propósitos. As introduções a cada capítulo foram expandidas para fornecer mais informações básicas sobre o material, e acrescentei os versos anexados a vários suttas que não incluí no manual. No capítulo 4, no lugar do primeiro sutta (SN 12:1), uma declaração concisa da fórmula de originação dependente, coloquei o sutta que imediatamente o segue (SN 12:2), que amplia a fórmula básica com definições dos doze fatores. E, no fim da seção sobre o caminho óctuplo, acrescentei o *Oghavagga*, o "capítulo sobre os transbordamentos", para fornecer uma visão geral abrangente do propósito determinante do caminho budista.

A presente antologia difere significativamente daquela publicada em 2020 chamada *Nas palavras do Buda* (Petrópolis: Vozes). O propósito da antologia anterior era fornecer uma imagem abrangente do ensinamento do Buda que incorporasse uma variedade ampla de suttas em uma estrutura destinada a trazer à luz o padrão internacional subjacente à formulação do dhamma pelo Buda e, assim, propiciar aos leitores diretrizes para compreender os ensinamentos nos suttas como um todo. A estrutura que regia aquele livro se baseava em um esquema de três objetivos subjacentes aos ensinamentos do Buda, cada um amplamente determinado pela audiência para a qual estava voltado e as circunstâncias que ocasionaram o discurso. Esses três objetivos são: bem-estar e felicidade visíveis nesta vida presente; bem-estar e felicidade nas vidas futuras; e o bem supremo, o atingimento do nibbāna. A expressão "bem-estar e felicidade visíveis nesta vida presente" se refere à felicidade que vem de seguir as normas éticas na própria família, subsistência e envolvimentos comunitários. O "bem-estar e felicidade pertencentes a uma vida futura" se referem ao atingimento de um renascimento afortunado, uma busca que repousa no kamma e renascimento. O terceiro benefício do ensinamento do Buda está destinado a trazer o supremo ou último bem (*paramattha*), é a libertação do círculo de repetição de nascimento e morte. Isso deve ser adquirido pelo cultivo do triplo treinamento superior em conduta moral, concentração e sabedoria.

A presente antologia serve a um propósito diferente. Visa a nos levar direto ao núcleo do ensinamento do Buda, sumarizado em duas estruturas inter-relacionadas: as quatro nobres verdades e o caminho óctuplo. A primeira cobre o lado da doutrina, a segunda, o do treinamento. Essas duas estruturas são muitas vezes unidas no que é chamado o *dhamma-vinaya*. Nesse composto, *dhamma* representa o ensinamento que ilumina a natureza das coisas; a resposta básica que provoca é a compreensão. Sua contraparte, *vinaya*, muitas vezes significa disciplina monástica, mas pode ser interpretada mais amplamente como abrangendo todos os fatores que levam à remoção (outro significado de *vinaya*) dos obstáculos e cadeias da mente. A resposta básica que provoca é prática.

A unidade interna do dhamma é garantida pelo fato de que a última das quatro nobres verdades, a verdade do caminho, é o nobre caminho óctuplo, enquanto o primeiro fator do nobre caminho óctuplo, visão correta, é a compreensão das quatro nobres verdades. Disso podemos ver que os dois pilares do ensinamento penetram e incluem um ao outro, a fórmula das quatro nobres verdades contendo o caminho óctuplo e o nobre caminho óctuplo contendo as quatro verdades. Tanto as verdades como o caminho são chamados "nobres" (*ariya*). As verdades são chamadas nobres porque são as verdades ensinadas pelo nobre supremo, o Buda; porque são as verdades vistas pelos nobres discípulos que chegaram ao núcleo do dhamma; e porque são as verdades aceitas como uma estrutura de compreensão por aqueles que aspiram ao *status* de nobreza espiritual. O caminho é chamado nobre porque é o caminho trilhado por todos os nobres do passado que atingiram o objetivo e por aqueles do presente e do futuro que buscam o fruto do conhecimento claro e da libertação.

O SUTTA PIṬAKA

Os suttas ou "discursos" compilados nesta antologia são tirados do Cânone Páli, a coleção de textos reconhecida como oficial pela escola Theravāda do budismo, a tradição budista que floresce hoje no Sri Lanka e nos países budistas do Sudeste Asiático, com ramificações se estendendo em outros lugares pelo mundo. O Cânone Páli consiste de três grandes divisões, razão pela qual é também chamado o Tipiṭaka, os "Três Cestos". O primeiro é o Vinaya Piṭaka, o Cesto da Disciplina Monástica; o segundo é o Sutta Piṭaka, o Cesto de Discursos, os ensinamentos proferidos pelo Buda e seus discípulos principais; e o terceiro é o Abhidhamma Piṭaka, o Cesto dos Tratados, uma apresentação rigorosa construída a partir dos ensinamentos do Sutta Piṭaka.

Embora o Cânone Páli pertença a uma escola budista particular, os textos preservados no Sutta Piṭaka, particularmente as primeiras quatro coleções, não são exclusivas da tradição Theravāda, mas muitas vezes têm paralelos nas coleções de outras escolas budistas iniciais. Embora as escolas tenham há muito perecido, legaram textos ainda encontrados em traduções para o chinês, tibetano e outras línguas antigas; em alguns casos, versões em línguas indianas como o sânscrito híbrido budista e Gāndhārī foram encontradas. Essas versões usualmente correspondem muito estritamente às suas contrapartes páli, remontando a uma origem comum antes que as diferentes escolas seguissem seus caminhos separados. É presunção afirmar que uma versão dos discursos é intrinsecamente mais arcaica do que as outras, mas, como os Nikāyas pális são a versão mais acessível e estão preservadas em uma língua indiana próxima à língua na qual foram compiladas pela primeira vez, por propósitos práticos podem ser consideradas os registros mais antigos dos ensinamentos do Buda disponíveis a nós. Eles se originam do primeiro período da história literária budista, um período que durou cerca de 150 anos após sua morte, e, assim, leva-nos tão próximo quanto possível ao que o Buda de fato ensinou[1].

O Sutta Piṭaka consiste de cinco coleções chamadas Nikāyas. As quatro grandes Nikāyas são:

1. A Dīgha Nikāya: a Coleção dos Longos Discursos, trinta e quatro suttas organizados em três *vaggas*, ou livros.
2. A Majjhima Nikāya: a Coleção dos Discursos de Extensão Média, 152 suttas organizados em três *vaggas*.
3. A Saṃyutta Nikāya: a Coleção de Discursos Conectados, cerca de três mil suttas curtos agrupados em cinquenta e seis capítulos, chamados *saṃyuttas*, que são, por sua vez, coligidos em cinco *vaggas*.
4. A Aṅguttara Nikāya: a Coleção de Discursos numéricos, aproximadamente 2.400 suttas curtos organizados em onze capítulos, chamados *nipātas*.

Dīgha Nikāya e Majjhima Nikāya parecem, à primeira vista, ter sido estabelecidos principalmente com base na extensão: os discursos mais longos entram no Dīgha, e os discursos de extensão média, no Majjhima. Mas os dois também parecem diferir em seus objetivos. Os suttas do Dīgha Nikāya parecem ser basicamente dirigidos a uma audiência popular, com o propósito de inspirar fé e devoção entre adeptos do budismo e de atrair potenciais adeptos pela demonstração da superioridade do Buda e de sua doutrina em relação aos seus contemporâneos. O Majjhima Nikāya parece basicamente ser dirigido para a comunidade budista, com o propósito de familiarizar novos discípulos, particularmente monásticos, com as doutrinas e práticas do dhamma.

A Saṃyutta Nikāya está organizada por temas. Cada tema é o "jugo" (*saṃyoga*) que conecta os discursos a um *saṃyutta* ou capítulo, do qual há sessenta e seis ao todo. Por isso, o título da coleção, os "discursos conectados (*saṃyutta*)". Como essa coleção fornece o tratamento detalhado das grandes doutrinas do Budismo Inicial,

---

1. Para o caso da autenticidade desses textos, ver Sujato e Brahmali, 2014.

pode ter sido concebida, basicamente, por especialistas doutrinais. E, como muitos desses suttas tratam de temas de contemplação destinados a gerar uma percepção direta dos ensinamentos, também podem ter sido destinados a meditadores experientes.

A Aṅguttara Nikāya está organizada de acordo com um esquema numérico derivado de uma característica peculiar do método pedagógico do Buda. Ele muitas vezes formulava seus discursos sob a forma de conjuntos numéricos, um formato que ajudava a garantir que as ideias que transmitia fossem facilmente retidas na mente. A Aṅguttara Nikāya reúne esses discursos numéricos em um trabalho massivo único de onze *nipātas* ou capítulos, cada um representando o número de termos sob os quais os suttas constituintes foram estruturados. Um arranjo assim o tornou especialmente útil para monásticos anciões encarregados de ensinar os jovens recrutas, e também para pregadores no ensino dos laicos.

Além das quatro grandes coleções, a Sutta Piṭaka inclui uma quinta coleção chamada Khuddaka Nikāya, um nome que significa Coleção Menor. Originalmente, pode ter consistido meramente de alguns trabalhos menores que não podiam ser incluídos nos quatro grandes Nikāyas. Mas, à medida que cada vez mais trabalhos foram acrescidos a ela ao longo dos séculos, suas dimensões aumentaram até que se tornasse o mais volumoso dos cinco Nikāyas.

O presente trabalho

Os suttas nesta antologia foram retirados da Saṃyutta Nikāya. Originalmente, escolhi a Saṃyutta como a base para meu manual páli a fim de garantir que os suttas estudados a partir de uma perspectiva linguística mostrassem a terminologia razoavelmente uniforme e o modo altamente estruturado de apresentação típico dessa coleção. Mas houve outra razão para eu ter escolhido a Saṃyutta como a base para o curso e para este livro, uma razão que pertence ao lado doutrinal em vez do linguístico do cânone budista. Parece que os principais capítulos do Saṃyutta Nikāya, se reordenados, fornecem uma visão geral sistemática do dhamma que espelha o padrão das quatro nobres verdades. Uma antologia dessa coleção pode, então, permitir aos estudiosos do Budismo Inicial olharem para o núcleo dos ensinamentos do Buda tão direta e claramente quanto possível.

Antes de esboçar o plano subjacente deste livro, declararei, como uma precaução contra mal-entendidos, que os textos incluídos nesta antologia não pretendem se estender à série completa do ensinamento do Buda. Não lidam com temas fundamentais como os planos múltiplos de existência, a operação do kamma e seus frutos, os prospectos para a felicidade temporal e as práticas correspondentes de generosidade, conduta ética e virtudes relacionadas que contribuem para o progresso gradual na direção do objetivo final. Em vez disso, em relação aos três objetivos do dhamma mencionados acima – bem-estar e felicidade visíveis nesta vida presente, bem-estar e felicidade nas vidas futuras, e o bem último –, esses textos pertencem ao bem último, o atingimento do nibbāna ou libertação. Eles iluminam a diagnose radical da condição humana – e, mais amplamente, a condição de toda existência senciente – feita pelo Buda, à luz das quatro nobres verdades. Eles enfatizam as falhas pervasivas inerentes no ciclo de renascimentos, traçam nossas dificuldades existenciais até suas raízes mais profundas, e estabelecem o caminho para desfazer nossa escravidão e conquistar a irreversível liberação.

O padrão que se encontra no núcleo do dhamma liberador emerge da ordem dos capítulos encontrados aqui. O primeiro contém seleções dos Saccasaṃyutta (SN 56), os Discursos Conectados nas Verdades – as quatro nobres verdades, que são descritas como "o ensinamento dhamma especial dos budas" (*buddhānaṃ sāmukkaṃsikā dhammadesanā*, por exemplo, em DNI 110). As quatro nobres verdades servem como a declaração mais concisa do dhamma, uma "matriz" que gera todos os outros ensinamentos e uma estrutura na qual muitos daqueles ensinamentos podem se enquadrar.

Contudo, os suttas nos Saccasaṃyutta raramente elaboram o conteúdo das quatro nobres verdades. O *Dhammacakkappavattana Sutta* (SN 56:11), comumente conhecido como o Primeiro Sermão, fornece definições concisas das quatro verdades, e são repetidos em vários outros suttas desse *saṃyutta*. Mas, na maior parte, os discursos do Saccasaṃyutta destacam o papel contextual das quatro nobres verdades, enfatizando a urgência de as entender diretamente. Devemos buscar em outro lugar detalhes sobre o conteúdo efetivo das verdades, e outros capítulos do Saṃyutta Nikāya nos fornecem o material de que necessitamos.

A esse respeito, vale a pena notar que os discursos do Buda, como encontrados no Cânone Páli, estão vinculados a uma rede complexa de alusões e referências cruzadas. Um tema ou tópico tratado brevemente em um lugar pode ser elaborado em outro; um termo usado em um sutta pode ser analisado e elucidado em outro. Por exemplo, um sutta sobre o nobre caminho óctuplo (como SN 45:8) identifica "atenção plena correta" com os quatro estabelecimentos da atenção plena e oferece uma fórmula padrão para defini-la, mas não explica o que esses quatro modos de desenvolver a atenção plena de fato envolvem na prática. Para uma explicação mais completa, temos de consultar outro sutta (DN 22 ou MN 10), que descreve a prática em detalhe.

Consequentemente, podemos ver as quatro nobres verdades enunciadas como um conjunto no Saccasaṃyutta que indicam outros capítulos no Saṃyutta Nikāya para tratamento mais completo. A fórmula para a primeira nobre verdade declara que a nobre verdade do sofrimento consiste nos cinco agregados-de-apego (ver 1.4). Para uma explicação mais completa dos cinco agregados, e, assim, da primeira nobre verdade, voltamo-nos para o Khandhasaṃyutta (SN 22). Tomei uma seleção de sutas do Khandhasaṃyutta para constituir o capítulo 2, ao qual dei o subtítulo "o significado do sofrimento, concisamente", ecoando as palavras do primeiro discurso: *saṃkhittena pañcupādānakkhandhā dukkhā*.

Outro sutta nas quatro nobres verdades (SN 56:14) define a primeira nobre verdade como as seis bases sensíveis internas. Como todos os outros fenômenos incluídos nos cinco agregados – sensação, percepção, volição e consciência – surgem ao longo das seis bases sensíveis, designei as bases sensíveis "os canais pelos quais se origina o sofrimento". Suttas selecionados do Saḷāyatanasaṃyutta (SN 35), portanto, constituem o capítulo 3 deste livro.

Muitos discursos afirmam que ansiar é a origem do sofrimento, todavia, essa declaração não é explicada nos suttas das quatro nobres verdades. A declaração parece ser um modo oblíquo de apontar para um processo intricado envolvendo a interação de uma multiplicidade de fatores. Nos Nikāyas, vemos que esses fatores se fundem em uma extensa cadeia que revela a dinâmica causal que subjaz o ciclo de nascimento e morte repetido e, assim, a gênesis do dukkha. Essa cadeia é expressa pela fórmula de originação dependente (*paṭiccasamuppāda*), que, usualmente, consiste de doze termos unidos por relações de condicionalidade. A cadeia situa ansiar no meio. No topo da cadeia encontramos ignorância, a raiz mais fundamental, da qual emerge uma série de fatores que levam ao ansiar; e do ansiar a cadeia continua até culminar em envelhecimento e morte e todas as expressões de angústia existencial encontradas ao longo da vida, sumarizados como "tristeza, lamentação, dor, desânimo e infelicidade".

Suttas sobre a originação dependente são coligidos no Nidānasaṃyutta (SN 12), uma seleção a partir da qual constituí o capítulo 4 do presente trabalho. Aqui, veremos que a cadeia de condições ocorre de dois modos. Um é o modo de originação, que corresponde à verdade da origem do sofrimento e mostra como cada fator dá origem ao seu sucessor. O outro é o modo de cessação, que corresponde à verdade da cessação do sofrimento e mostra como remover a condição elimina seu efeito.

A quarta nobre verdade, de acordo com o primeiro discurso do Buda, é o nobre caminho óctuplo, descrito como "o caminho para a cessação do sofrimento". Mas, embora o caminho óctuplo possa ser a formulação mais abrangente e melhor conhecida do caminho – incluindo fatores cognitivos, éticos e meditativos –, não é o único conjunto de práticas que o Buda ensinou como o caminho para o objetivo final de seu ensinamento. Em vez disso, apresentou o caminho para diferentes perspectivas, governadas pelas necessidades e atitudes das pessoas sendo ensinadas. O esquema mais amplo estabelece um grupo de sete conjuntos de fatores contendo juntos trinta e sete princípios chamados em páli os *bodhipakkhiyā dhammā*, "os auxílios para a iluminação" ou, mais poeticamente, "as asas para o despertar". Esses sete conjuntos, parcialmente sobrepostos, são: os quatro estabelecimentos da atenção plena, os quatro tipos certos de esforço, as quatro bases para o poder espiritual, as cinco faculdades, os cinco poderes, os sete fatores de iluminação, e o nobre caminho óctuplo. Capítulos sobre cada um desses foram coligidos no último volume do Saṃyutta Nikāya, o Mahāvagga, a Grande Divisão, que poderia também ter sido chamado o Maggavagga, a Divisão do Caminho.

O capítulo 5 do presente trabalho é dedicado a textos sobre o caminho da prática. Contudo, se tivesse tentado incluir aqui suttas representando todos os sete grupos, teria forçado os limites impostos a este volume. Assim, restringi minha escolha a suttas extraídos de três grupos: os quatro estabelecimentos da atenção plena, os sete fatores de iluminação e o nobre caminho óctuplo.

Como o cultivo sistemático da atenção plena poderia ser chamado a prática essencial do caminho para a libertação, começo com suttas do Satipaṭṭhānasaṃyutta (SN 47). Quando a atenção plena atinge um certo grau de maturidade, torna-se a primeira dos sete fatores de iluminação, o ponto de partida do qual os outros seis emergem; assim, suttas do Bojjhaṅgasaṃyutta (SN 46) constituem a segunda seção desse capítulo. E, quando os sete fatores de iluminação atingem seu pináculo, dão origem ao caminho óctuplo liberador, o verdadeiro nobre caminho, e, assim, suttas do Maggasaṃyutta (SN 45) constituem a terceira seção desse capítulo.

O objetivo do caminho é nibbāna. Nibbāna já foi obliquamente indicado no capítulo sobre as quatro nobres verdades como a cessação do sofrimento. Uma vez mais, é implicado no capítulo sobre originação dependente como a cessação de cada um dos vínculos na fórmula da originação dependente. Contudo, naqueles capítulos não foi mostrado explicitamente em sua natureza própria. Para fornecer uma imagem mais completa do objetivo do ensinamento incluí, como capítulo 6, uma seleção dos Asaṅkhatasaṃyutta (SN 43), os discursos conectados sobre o Incondicionado, que oferece trinta e dois epítetos para o objetivo, com nibbāna sendo somente um deles. Cada um desses é equiparado à destruição da luxúria, do ódio e da ilusão, que deve ser atingido por vários caminhos de prática, elaboradamente definidos nesse capítulo.

Na conclusão de muitos suttas nos Nikāyas, quando o Buda termina seu discurso a um inquiridor, esse responde com uma declaração padrão de apreciação: "Excelente, Mestre Gotama, excelente, Mestre Gotama! Exatamente como alguém poria de pé o que foi derrubado, ou revelaria o que foi oculto, ou apontaria o caminho para alguém que está perdido, ou seguraria uma lamparina na escuridão, pensando: 'Aqueles com olhos verão formas', assim o dhamma foi revelado de muitos modos pelo Mestre Gotama".

Minha esperança é que os leitores do presente volume ecoem essa exclamação de deleite e então mergulhem mais profundamente no dhamma, tanto como um campo fascinante de estudos quanto como um caminho para uma vida significativa e gratificante.

Fontes e citações

Como minha fonte básica, para os textos em páli, usei a versão eletrônica do Chaṭṭha Saṅgāyana Tipiṭaka (versão 4.0), que é baseada na edição impressa resultante do Sexto Conselho Budista ocorrido em Mianmar em 1956. Contudo, ocasionalmente, adotei uma leitura alternativa encontrada ou na edição em escrita romana da Sociedade do Texto Pāli [Pali Text Society] ou na edição de escrita cingalesa do Sri Lankan Buddha Jayanti. Como meu propósito, aqui, é simplesmente apresentar uma tradução de uma versão aceitável dos textos, não tentei construir uma edição crítica e, assim, não comentei sobre as leituras variantes em minhas notas.

Referências de fontes que seguem o título de cada seleção citam o número do capítulo do Saṃyutta seguido pelo número do sutta dentro desse capítulo. Sigo o esquema de numeração usado em minha tradução publicada do Saṃyutta Nikāya,

Os discursos conectados do Buda, que é seguido pelo volume e número de página da edição PTS do texto páli. Assim, "SN 56:1; V 414" é Saṃyutta Nikāya, capítulo 56, sutta 1, encontrado no volume V, página 414 da edição PTS. A numeração de suttas no Saḷāyatanasaṃyutta (capítulo 35) ocasionalmente difere nas diferentes edições desse volume, dependendo de se os discursos em um grupo são considerados um único sutta ou suttas separados. No capítulo 3 deste livro usei o esquema de numeração dos *Discursos Conectados*, que difere daquele da edição PTS do texto páli. Por isso, na lista detalhada de conteúdos e novamente no capítulo 3, forneci o número do sutta da edição PTS entre colchetes seguindo minha numeração.

O mesmo princípio de numeração se aplica a referências a outros Nikāyas nas notas. Embora minhas traduções dos Nikāyas completos tenham fornecido muitas notas explanatórias longas e detalhadas, neste livro, a fim de deixar os suttas falarem por si, tentei manter as notas a um mínimo. Muitas de minhas notas se referem ao comentário ao Saṃyutta Nikāya, intitulado o *Sāratthappakāsinī* (Spk). Esse foi escrito pelo monge indiano Buddhaghosa, que chegou ao Sri Lanka no século V para compor comentários aos quatro Nikāyas e, talvez, outros textos canônicos. Seus comentários não foram trabalhos originais expressando suas interpretações pessoais, mas foram baseados em antigos comentários, não mais existentes, que foram preservados no Sri Lanka na antiga língua cingalesa. Sua principal tarefa, como vimos, foi estender as explanações encontradas nos antigos comentários, remover as redundâncias e traduzir as explanações para a língua dos textos canônicos. Seu propósito, presumivelmente, foi tornar os comentários inteligíveis a monásticos vivendo fora do Sri Lanka.

O livro também contém um glossário páli-inglês, que não foi organizado em ordem alfabética – seja de acordo com o alfabeto páli ou com o alfabeto inglês –, mas, de acordo com a ordem dos capítulos neste livro. Fornece somente os termos em páli para os componentes-chave em cada capítulo.

Gostaria de agradecer a John Kelly pela ajuda com a revisão e a equipe na Wisdom Publications por outro ótimo trabalho de produção.

1
AS QUATRO NOBRES VERDADES
A MATRIZ DO ENSINAMENTO

INTRODUÇÃO

Em seu primeiro discurso, conhecido como a *Dhammacakkappavattana Sutta*, "The discourse setting in motion the wheel of the dhamma" [O discurso que coloca em movimento a roda do dhamma], o Buda falou sobre as quatro nobres verdades e sobre o nobre caminho óctuplo, o único "caminho intermediário" que evita os fins lúgubres da complacência sensual e práticas ascéticas dolorosas e leva à paz e liberdade do nibbāna. A transmissão do dhamma dependia do *insight* para esse conjunto de princípios interconectados. Foi pela compreensão dessas verdades que seus primeiros discípulos, os cinco monges, atingiram a "visão sem poeira e imaculada do dhamma", a descoberta decisiva que abre o caminho libertador. Repetidamente, durante sua carreira de ensino, ele levou seu discurso a um clímax com uma exposição das verdades.

As quatro nobres verdades eram tão centrais à exposição do Buda sobre o dhamma que os compiladores do Saṃyutta Nikāya dedicaram um capítulo inteiro a esse tópico; o último na coleção inteira. Contudo, as quatro verdades podem ser vistas não meramente como uma doutrina budista entre outras, mas, mais amplamente, como a estrutura implícita do ensinamento inteiro. O principal discípulo do Buda, Sāriputta, enfatizou a importância dessa fórmula quando disse: "Assim como as pegadas de todos os outros animais da selva podem caber na pegada de um elefante, que é declarado chefe com relação ao tamanho, quaisquer dos ensinamentos salutares existentes podem caber nas quatro nobres verdades" (MN 28, I 184). Os comentários budistas clássicos seguem essa sugestão mostrando que as quatro nobres verdades podem ser extraídas de outros ensinamentos mesmo quando não são explicitamente mencionadas como tais.

Expoentes modernos do budismo muitas vezes assumem que as quatro nobres verdades são um ensinamento elementar voltado para os iniciantes do dhamma, mas o próprio Buda não as tratava desse modo. Em vez disso, via-as como próprias somente para aqueles cujas mentes eram maduras o bastante para as compreender clara e diretamente. Usualmente, ele começava um discurso para inquiridores com uma fala sobre generosidade e moralidade, virtudes que qualquer pessoa de convicções morais pudesse apreciar. Daí, ele passava a explicar o funcionamento do kamma e dos domínios do renascimento aos quais diferentes cursos de ação levam. Então, tendo descrito as alegrias dos céus, falava sobre as faltas na busca dos prazeres sensuais e sobre os benefícios da renúncia, instilando, assim, em sua audiência, o respeito pelo tipo de vida contemplativa que ele havia adotado. Era somente nesse ponto, quando sabia que as mentes de seus ouvintes estavam suficientemente abertas, confiantes e livres de obstruções, que ele revelava as quatro nobres verdades, que os textos descrevem como "o ensinamento dhamma especial dos budas" (*buddhānaṃ sāmukkaṃsikā dhammadesanā*)[2].

As quatro nobres verdades podem ser vistas também como a planta do Saṃyutta Nikāya, como explicado na introdução geral. Os outros capítulos importantes dessa coleção podem, então, ser vistos como elaborações das verdades individuais. Poderia, então, ser importante que o Saṃyutta inteiro termine com o capítulo sobre as quatro nobres verdades, destacando seu ensinamento como as joias da coroa dessa grande compilação.

De acordo com 1.10, eram muitas as coisas que o Buda conhecia diretamente, como as folhas em um bosque, mas as coisas que expunha eram poucas, como as folhas que pegava em sua mão. Essas poucas coisas eram sofrimento, sua origem, sua cessação e o caminho. A razão pela qual não revelava todas as coisas que vira era porque não trazem benefícios verdadeiros. A razão de repetidamente expor as quatro nobres verdades era a de que esses princípios são benéficos e levam "ao desencantamento, à imparcialidade, à cessação, à paz, ao conhecimento, à iluminação, ao nibbāna".

O primeiro discurso, *Dhammacakkappavattana Sutta*, fornece explicações formais das quatro nobres verdades[3]. Muitas dessas explicações também estão incluídas em 1.4, que difere do primeiro discurso apenas ao oferecer uma definição mais incisiva da primeira nobre verdade. No primeiro discurso, o Buda enumera oito tipos de dukkha. Os primeiros quatro – nascimento, envelhecimento, doença e morte – podem ser agrupados sob o título do sofrimento fisiológico. Os próximos três são união com o desagradável, separação do agradável e não conseguir o que se deseja, que podem ser incluídos no título de sofrimento psicológico. E o último é o conjunto dos cinco agregados-de-apego, que poderia ser descrito como sofrimento ontológico ou existencial. Omitindo as manifestações detalhadas de dukkha mencionadas no primeiro discurso, o texto 1.4 define a primeira verdade simplesmente como os agregados-de-apego, que, no primeiro discurso, encapsulam a verdade do sofrimento "concisamente" (*saṃkhittena*)[4].

---

2. Para exemplos dessa forma sistemática de ensinamento, ver DN 3 (I 110), DN 5 (I 148), MN 56 (I 380) e MN 91 (II 144).
3. O sutta é SN 56:11, em V 420-424.
4. Os cinco agregados são o tema do capítulo seguinte neste livro.

A palavra páli *dukkha*, comum a todas as quatro verdades, exige alguma explicação necessária para evitar mal-entendidos. Por uma questão de conveniência, muitos tradutores traduzem essa palavra como "sofrimento", e sigo seu precedente. Contudo, essa tradução pode levar ao equívoco de que o Buda sustenta que toda existência é perpetuamente eivada de sofrimento e infelicidade. De modo algum esse é o caso, razão pela qual alguns tradutores preferem deixar *dukkha* não traduzido. Em alguns contextos, especialmente em relação à sensação, *dukkha* significa dor e sofrimento, e esse parece ter sido o uso original da palavra. Contudo, o Buda retirou essa palavra de seu contexto original e deu a ela uma significação mais profunda, usando-a para destacar a natureza inescapavelmente imperfeita, deficiente e insatisfatória da existência senciente.

A partir dessa perspectiva, não somente a experiência dolorosa como também *toda experiência* no mundo condicionado é inerentemente defectiva. A vida, de acordo com os Nikāyas, certamente contém oportunidades abundantes para alegria e felicidade, mesmo em ocasiões de êxtase e felicidade. O popular *Maṅgala Sutta* enumera trinta e oito bênçãos, dentre elas fontes mundanas de felicidade como sustentar os pais, manter uma família, ajudar amigos e parentes, trabalhar em uma ocupação honesta e se envolver em feitos virtuosos. Contudo, todas essas bênçãos são instáveis e sujeitas a mudanças. Cada fator de ser – cada faceta da experiência quando examinada atentamente – termina sendo impermanente e, portanto, não confiável, incapaz de prover satisfação plena. É esse sentido de deficiência ou "falta" que o uso da palavra *dukkha* pretende sugerir. A libertação última do dukkha só pode ser encontrada naquele que se encontra além da esfera de transitoriedade e mortalidade – ou seja, no nibbāna, o estado incondicionado livre de nascimento, decadência e morte.

O monge alemão Nyanatiloka, em seu clássico *A palavra do Buda*, eloquentemente captura esse significado de *dukkha* quando escreve:

> O termo "sofrimento" (*dukkha*), na primeira nobre verdade, refere-se, portanto, não apenas às sensações corporais e mentais dolorosas devido a impressões desagradáveis, mas além disso envolve tudo o que produz sofrimento ou que leva a ele. A verdade do sofrimento ensina que, devido à lei universal da impermanência, mesmo estados elevados e sublimes de felicidade estão sujeitos a mudança e destruição, e que todos os estados da existência são, portanto, insatisfatórios, carregando em si, sem exceção, as sementes do sofrimento[5].

A primeira nobre verdade ganha mais força a partir da conexão entre dukkha e saṃsāra, o ciclo repetido de nascimento e morte. Uma vez mais, Nyanatiloka astutamente aponta para essa conexão:

> Saṃsāra é a sequência ininterrupta das combinações quíntuplas de *khanda* [os cinco agregados], que, mudando constantemente de momento a momento, seguem continuamente uma após a outra ao longo de períodos

5. Nyanatiloka, 1981, 14-15.

inconcebíveis de tempo. Desse saṃsāra, uma única existência constitui apenas uma minúscula fração. Por isso, para ser capaz de compreender a primeira nobre verdade, a pessoa deve deixar seu olhar repousar sobre o saṃsāra, sobre essa sequência terrível de renascimentos, e não apenas para uma única existência, que, é claro, pode por vezes não ser muito dolorosa[6].

Considera-se que a origem do dukkha, na análise das quatro verdades, seja *taṇhā*, uma sede cega de prazer, existência e mesmo aniquilação que opera na mente de todos os entes não iluminados. A fórmula para a segunda nobre verdade descreve o anseio como *ponobhavikā*, "provocar existência renovada". Isso enfatiza o ponto de que ansiar é a origem do dukkha, não apenas no sentido psicológico imediato de que o desejo insaciável cria frustração, desapontamento e descontentamento, mas no sentido mais sutil, mais profundo, de que ansiar sustenta o ciclo repetido de nascimento e morte e, assim, subjaz a todo sofrimento que surge em decorrência do nascimento. Sustentado e nutrido pela ignorância fundamental, o anseio nos impele através do saṃsāra em uma busca cega por satisfação final por meio da complacência do desejo autocentrado. Na morte, contanto que o anseio não tenha sido expulso, guiará a corrente da consciência na direção de um novo nascimento, e adiante de uma vida a outra. Essa é a "longa jornada" na qual embarcamos e que, de acordo com os textos, tem prosseguido sem um começo temporal possível de ser descoberto.

A superação do dukkha exige que o anseio seja desarraigado em sua inteireza, um feito que a terceira nobre verdade declara uma possibilidade real. O dukkha chega a um fim com "o desvanecimento e a cessação sem fim desse mesmo anseio", o anseio que mantém o ciclo de renascimentos. E a quarta nobre verdade revela o meio para atingir esse feito, o nobre caminho óctuplo, que será explorado com mais detalhes no capítulo 5.

O texto 1.9 atribui tarefas específicas a cada uma das quatro nobres verdades, ecoando, assim, a porção intermediária do primeiro discurso. A verdade do sofrimento é *ser plenamente compreendido*; a verdade de sua origem, o anseio, é *ser abandonado*; a verdade de sua cessação é *ser entendido* pela erradicação do anseio; e a verdade do caminho, o nobre caminho óctuplo, é *ser desenvolvido* pela prática. As quatro tarefas definem o trabalho a ser assumido por um discípulo no caminho. O desenvolvimento do nobre caminho óctuplo completa as quatro tarefas. Esse desenvolvimento culmina na compreensão plena do dukkha, no abandono do anseio, e no entendimento da cessação do dukkha. A pessoa que completou essas quatro tarefas pode proclamar corajosamente: "O que tinha de ser feito foi feito" (*kataṃ karaṇīyaṃ*).

As quatro nobres verdades servem ao Buda não somente como um mecanismo de ensinamento, mas como os objetos de cultivo e entendimento. Ao descrever seu atingimento da iluminação traz a exposição ao seu ponto elevado declarando-o na última observação da noite: "Quando minha mente concentrada estava purificada, brilhante, imaculada, livre de imperfeição, maleável, adaptável, estável, e atingiu a imperturbabilidade, dirigi-a ao conhecimento da destruição dos influxos. Soube diretamente

6. Nyanatiloka, 1981, 14.

como de fato é: 'Isso é sofrimento, sua origem, sua cessação e o caminho que leva à cessação'". Com o aparecimento desse *insight*, "A ignorância foi banida e o conhecimento claro surgiu; a escuridão foi banida e a luz surgiu", e sua mente foi libertada dos *āsavas*, os "influxos" primordiais que sustentam o ciclo de renascimentos[7].

Em vários suttas, o Buda faz generalizações a partir de sua experiência para destacar a centralidade das quatro nobres verdades no atingimento da iluminação e da libertação ao longo de todos os períodos de tempo, universalizando, assim, sua importância. O texto 1.2 declara que todos que atingem a iluminação plena o fazem ao se tornarem plenamente iluminados em relação às quatro nobres verdades. O verbo usado nessa passagem, *abhisambujjhati*, parece ocorrer apenas em descrições da iluminação de um buda, em contraste com a de seus discípulos; assim, o texto está implicitamente dizendo que todos os budas – passados, presentes e futuros – se tornam iluminados em relação a essas mesmas quatro verdades. Outros suttas, não incluídos aqui, reforçam esse ponto em relação à iluminação dos discípulos. SN 56:3 diz que todos que corretamente embarcam na vida sem-teto o fazem pelo propósito de entender as quatro nobres verdades como realmente são, e SN 56:4 diz que todos que corretamente avançaram e entenderam as coisas como realmente são, entendem as quatro nobres verdades como realmente são.

A falta de conhecimento das quatro nobres verdades é o ponto cego – a ignorância fundamental – que subjaz o anseio e, portanto, mantém os entes vinculados ao ciclo de nascimento e morte. Como não viram essas verdades, os entes vão inutilmente de uma existência a outra, passando pelo ciclo repetido de nascimento, envelhecimento e morte, e depois a ainda outro nascimento. Assim como um graveto atirado ao ar por vezes cai em sua parte inferior, por vezes com sua parte superior, os entes sencientes que não viram as quatro verdades, sendo "obstruídos pela ignorância e restringidos pelo anseio", migram para cima e para baixo entre os múltiplos domínios da existência (1.11). As perspectivas para renascimento nem sempre são brilhantes, mas muitas vezes levam para baixo, ao mundo inferior, onde "ocorre o devoramento mútuo, o devoramento dos fracos". Quando alguém renasce lá, como aprendemos de 1.17, é difícil reconquistar o estado humano – tão difícil quanto para uma tartaruga cega vir a enfiar sua cabeça em um jugo com um orifício flutuando no oceano. É porque não penetramos nas quatro nobres verdades, 1.5 nos diz, que temos vagado através dessa "longa jornada" de saṃsāra, e é com a penetração dessas verdades que a cansativa jornada chega a um fim.

Mesmo buscadores dedicados à busca da libertação falham em atingir seu objetivo se não compreendem as quatro verdades. De acordo com 1.15, os ascetas e brâmanes que não compreendem essas verdades "geram atividades volicionais" que levam a nascimento, envelhecimento e morte, e, como geraram essas atividades volicionais,

---

7. Essa descrição está em MN I 23, MN I 117, MN I 249, AN IV 178-179, e em Vin III 5. A palavra *āsava* é derivada do verbo *savati*, que significa "fluir". É incerto se a direção do fluxo está voltada para dentro ou para fora. Alguns tradutores traduziram *āsava* como "efusão", outros como "cancro", "mácula", "intoxicante" e "poluente". Os três *āsavas* são anseio sensual, anseio pela existência e ignorância.

caem "no precipício profundo" de nascimento, envelhecimento e morte, encontrando angústia e infelicidade. É somente quando as quatro verdades são vistas diretamente que alguém para de se envolver nessas atividades volicionais, e é somente então que se evita a queda no íngreme precipício.

O propósito da aparição do Buda no mundo – na verdade, a razão para a aparição de qualquer buda – é proclamar as quatro nobres verdades. Enquanto um buda não apareceu, diz 1.14, o mundo está envolvido em uma escuridão espiritual, a escuridão da ignorância. O mundo é, então, como a Terra antes do sol e a lua terem aparecido, quando mesmo o dia e a noite não podem ser distinguidos. Mas, quando um buda surge, é como o sol surgindo no céu, lançando sua luz sobre o mundo. Com seu surgimento a escuridão é banida e há "explicação, ensinamento, proclamação, estabelecimento, revelação, análise e elucidação das quatro nobres verdades".

O entendimento das quatro nobres verdades usualmente vem como a culminância de um rigoroso curso de treinamento envolvendo conduta ética, pensamento correto, concentração meditativa e *insight* direto. Portanto, o buda instrui os monges a não se comprazer no pensamento errado – em pensamentos conectados com sensualidade, má vontade e perniciosidade –, mas pensar, em vez disso, sobre as quatro nobres verdades (1.2). Eles não têm apenas que refletir sobre as verdades, mas desenvolver concentração profunda (*samādhi*) como uma base para vê-las com visão direta (1.1). Ele insiste em que assumam essa tarefa com um senso convincente de urgência, assim como uma pessoa cujo turbante estivesse pegando fogo faria um esforço urgente para extinguir as chamas (ver 1.12). Assim como é impossível construir o andar superior de uma casa sem ter primeiro construído o andar inferior, como 1.16 diz, sem penetrar essas verdades é impossível terminar com o sofrimento. Por essa razão, o Buda constantemente pressiona seus discípulos a fazerem o esforço de entender as quatro nobres verdades. Cada um dos discursos no Saccasaṃyutta termina com a injunção: "Portanto, um esforço deve ser feito para [compreender]: 'Isso é sofrimento'... 'Esse é o caminho que leva à cessação do sofrimento'".

A visão inicial das quatro nobres verdades traz o atingimento da entrada na corrente, o primeiro dos quatro estágios do atingimento que culmina na libertação final[8]. Aqueles que veem as quatro nobres verdades através dessa descoberta inicial se tornam "realizados na visão" (*diṭṭhisampanna*) e, como declarado em 1.18, migrará no ciclo de renascimentos por no máximo mais sete vidas. Eles não assumirão uma oitava existência. Mas para o Buda, mesmo o atingimento da entrada na corrente é insuficiente. O objetivo final do caminho é a condição de arahant, libertação nesta vida, que surge pela destruição de influxos, impurezas do anseio, anseio pela existência e ignorância. Isso, também, de acordo com 1.6 é atingido somente por aqueles que diretamente conhecem as quatro nobres verdades. Tendo feito a descoberta inicial, diz o texto, a pessoa não deve pausar até poder declarar, como o Buda: "O anseio pela existência foi extirpado; o condutor para a existência foi destruído; agora, não há mais existência renovada" (1.5).

8. Sobre os quatro estágios, ver Bodhi, 2005, 373-381.

1. SAMĀDHISUTTA

Concentração (SN 56:1; V 414)

"Monges, desenvolvam concentração. Um monge concentrado compreende as coisas como realmente são.

"E o que ele compreende como realmente é? Compreende como realmente é: 'Isso é sofrimento'. Ele compreende como realmente é: 'Essa é a origem do sofrimento'. Ele compreende como realmente é: 'Isso é a cessação do sofrimento'. Ele compreende como realmente é: 'Esse é o caminho que leva à cessação do sofrimento'."

"Monges, desenvolvam concentração. Um monge concentrado compreende as coisas como realmente são.

"Portanto, monges, deve ser feito um esforço [para compreender]: 'Isso é sofrimento'. Um esforço deve ser feito [compreender]: 'Essa é a origem do sofrimento'. Um esforço deve ser feito [para compreender]: 'Essa é a cessação do sofrimento'. Um esforço deve ser feito [para compreender]: 'Esse é o caminho que leva à cessação do sofrimento'"[9].

2. SAMAṆABRĀHMAṆASUTTA

Ascetas e brâmanes (SN 56:5; V 416-417)

"Quaisquer ascetas ou brâmanes no passado, monges, eram plenamente iluminados para as coisas como realmente são, eram todos plenamente iluminados para as quatro nobres verdades como realmente são. Quaisquer ascetas ou brâmanes no futuro serão plenamente iluminados para coisas como realmente são, serão todos plenamente iluminados para as quatro verdades como realmente são. Quaisquer ascetas ou brâmanes, agora, são plenamente iluminados para as coisas como realmente são, são todos plenamente iluminados para as quatro nobres verdades como realmente são.

"Quais quatro? A nobre verdade do sofrimento, a nobre verdade da origem do sofrimento, a nobre verdade da cessação do sofrimento, a nobre verdade do caminho que leva à cessação do sofrimento. Quaisquer ascetas ou brâmanes no passado... Quaisquer ascetas ou brâmanes no futuro... Quaisquer ascetas os brâmanes, agora, são plenamente iluminados para as coisas como realmente são, são todos plenamente iluminados para essas quatro nobres verdades como realmente são.

"Portanto, monges, um esforço deve ser feito [para compreender]: 'Isso é sofrimento'. Um esforço deve ser feito [para compreender]: 'Essa é a origem do sofrimento'. Um esforço deve ser feito [para compreender]: 'Essa é a cessação do sofrimento'. Um esforço deve ser feito [para compreender]: 'Esse é o caminho que leva à cessação do sofrimento'."

---

9. *Yogo karaṇīyo*. Spk III 293: "Portanto, como um monge que está concentrado compreende as quatro nobres verdades, quando você atinge a concentração, um esforço deve ser feito para o propósito de compreender corretamente as quatro nobres verdades".

3. VITAKKASUTTA

Pensamento (SN 56:7; V 417-418)

"Monges, não pensem pensamentos maus e nocivos – ou seja, pensamento sensual, pensamento de má vontade, pensamento prejudicial. Por qual razão? Esses pensamentos não são benéficos; não pertencem à base para a vida espiritual; não levam ao desencantamento, à imparcialidade, à cessação, à paz, ao conhecimento direto, à iluminação, ao nibbāna.

"Quando vocês pensam, monges, vocês devem pensar: 'Isso é sofrimento'; vocês devem pensar: 'Essa é a origem do sofrimento'; vocês devem pensar: 'Essa é a cessação do sofrimento'; vocês devem pensar: 'Esse é o caminho que leva à cessação do sofrimento'. Por qual razão? Esses pensamentos são benéficos; pertencem à base para a vida espiritual; levam ao desencantamento, à imparcialidade, à cessação, à paz, ao conhecimento direto, à iluminação, ao nibbāna.

"Portanto, monges, um esforço deve ser feito [para compreender]: 'Isso é sofrimento'... 'Esse é o caminho que leva à cessação do sofrimento'."

4. KHANDHASUTTA

Agregados (SN 56:13; V 425-426)

"Monges, há essas quatro nobres verdades. Quais quatro? A nobre verdade do sofrimento, a nobre verdade da origem do sofrimento, a nobre verdade da cessação do sofrimento, a nobre verdade do caminho que leva à cessação do sofrimento.

"E qual, monges, é a nobre verdade do sofrimento? 'Os cinco agregados-de-apego', deve ser dito – ou seja, o agregado-de-apego à forma, o agregado-de-apego à sensação, o agregado-de-apego à percepção, o agregado-de-apego às atividades volicionais, o agregado-de-apego à consciência. Isso é chamado a 'nobre verdade do sofrimento'.

"E qual é, monges, a nobre verdade da origem do sofrimento? É esse anseio que provoca existência renovada, acompanhada pelo deleite e pela luxúria, deleitando-se aqui e ali – ou seja, ansiando por prazeres sensuais, ansiando pela existência, ansiando pena não existência[10]. Essa é chamada a 'nobre verdade da origem do sofrimento'.

---

10. *Kāmataṇhā, bhavataṇhā, vibhavataṇhā*. Estranhamente, os próprios suttas não oferecem definições explícitas desses três tipos de anseio. Vibh 365 (§ 916), um texto abhidhamma, oferece várias definições. Ele primeiro explica *bhavataṇhā* como "luxúria e vínculo conectados à visão da existência" – ou seja, a visão eternalista; *vibhavataṇhā* como "luxúria e vínculo conectados à visão aniquilacionista"; e *kāmataṇhā* como os tipos remanescentes de anseio. Oferece, então uma alternativa: *Kāmataṇhā* é a luxúria e o vínculo conectados ao domínio sensual; *bhavataṇhā* é luxúria e o vínculo conectados aos domínios da forma e da ausência de forma; e *vibhavataṇhā* é a luxúria e o vínculo conectados à visão aniquilacionista. Eu proporia uma explicação mais simples: *kāmataṇhā* é anseio por prazeres sensuais; *bhavataṇhā* é anseio por existência continuada; e *vibhavataṇhā* é anseio por aniquilação pessoal.

"E qual é, monges, a nobre verdade da cessação do sofrimento? É o desvanecimento e a cessação sem fim desse mesmo anseio, sua desistência, renúncia, libertação dela, não vínculo. Essa é chamada a 'nobre verdade da cessação do sofrimento'.

"E qual é, monges, a nobre verdade do caminho que leva à cessação do sofrimento? É apenas esse nobre caminho óctuplo – ou seja, visão correta, intenção correta, fala correta, ação correta, subsistência correta, esforço correto, atenção plena correta, concentração correta. Essa é chamada a 'nobre verdade sobre o caminho que leva à cessação do sofrimento'. Essas são as quatro nobres verdades.

"Portanto, monges, um esforço tem de ser feito [para compreender]: 'Isso é sofrimento'... 'Esse é o caminho que leva à cessação do sofrimento'."

5. KOṬIGĀMASUTTA

Koṭigāma (SN 56:21; V 431-432)

Em uma ocasião o Abençoado estava vivendo entre os Vajjis em Koṭigāma[11]. Lá, o Abençoado, então, dirigiu-se aos monges: "Monges, é devido à não compreensão e à não penetração das quatro nobres verdades que vocês e eu corremos e vagamos por essa longa jornada [de saṃsāra]".

"Quais quatro? Monges, é devido à não compreensão e à não penetração da nobre verdade do sofrimento que vocês e eu corremos e vagamos por essa longa jornada [de saṃsāra][12]. É devido à não compreensão e à não penetração da nobre verdade da origem do sofrimento... a nobre verdade da cessação do sofrimento... a nobre verdade que leva à cessação do sofrimento que vocês e eu corremos e vagamos por essa longa jornada [de saṃsāra].

"Essa nobre verdade do sofrimento, monges, foi à não compreendida e penetrada. Essa nobre verdade da origem do sofrimento foi compreendida e penetrada. Essa nobre verdade da cessação do sofrimento foi compreendida e penetrada. Essa nobre verdade do caminho que leva à cessação do sofrimento foi compreendida e penetrada. O ansiar pela existência foi extirpado; o condutor da existência foi destruído; agora, não há existência renovada[13].

"Portanto, monges, um esforço deve ser feito [para compreender]: 'Isso é sofrimento'... 'Esse é o caminho que leva à cessação do sofrimento'."

Isso é o que o Abençoado disse. Tendo dito isso, o Afortunado, o Professor, disse ainda:

---

11. O sutta também está incluído no *Mahāparinibbāna Sutta* (DN 16, em II 90-91).

12. As formas verbais usadas são *sandhāvitaṃ saṃsaritaṃ*. O segundo é o particípio passado de *saṃsarati*, do qual o substantivo *saṃsara* é derivado.

13. "Condutor da existência" é tradução para *bhavanetti*. Sv II 543 comenta: "A corda do anseio capaz de levar de existência a existência foi completamente destruída, cortada, tornando-se incapaz de ocorrer" (*bhavato bhavaṃ nayanasamatthā taṇhārajju suṭṭhu hatā chinnā appavattikatā*).

Por não vermos como são as quatro nobres verdades,
vagamos pelo longo curso
em vários tipos de nascimento.
Agora que essas verdades foram vistas;
o condutor para a existência está cindido;
extirpada está a raiz do sofrimento:
agora, não há existência renovada.

6. ĀSAVAKKHAYASUTTA

Destruição dos influxos (SN 56:25; V 434)

"Monges, disse que a destruição dos influxos ocorre por alguém saber, por alguém ver, não por alguém não saber, não ver. Por alguém saber o que, por alguém ver o que, a destruição dos influxos ocorre?[14]

"Monges, é por alguém saber e ver, 'Isso é sofrimento', que a destruição dos influxos ocorre. É por alguém saber e ver, 'Essa é a origem do sofrimento'... por alguém saber e ver, 'Isso é a cessação do sofrimento'... por alguém saber e ver, 'Esse é o caminho que leva à cessação do sofrimento', que a destruição dos influxos ocorre. É por alguém saber, portanto, por alguém ver, portanto, que a destruição dos influxos ocorre.

"Portanto, monges, um esforço deve ser feito [para compreender]: 'Isso é sofrimento'... 'Esse é o caminho que leva à cessação do sofrimento'."

7. TATHASUTTA

Real (SN 56:27; V 435)

"Monges, há essas quatro nobres verdades. Quais quatro? A nobre verdade do sofrimento, a nobre verdade da origem do sofrimento, a nobre verdade da cessação do sofrimento, a nobre verdade do caminho que leva à cessação do sofrimento. Essas quatro nobres verdades são reais, não irreais, não de outro modo[15]; portanto, elas são chamadas 'nobres verdades';

"Portanto, monges, um esforço deve ser feito [para compreender]: 'Isso é sofrimento'... 'Esse é o caminho que leva à cessação do sofrimento'."

---

14. Sobre os influxos (*āsava*), ver p. 24.

15. *Tathāni avitathāni anaññathāni*. Os três termos, como substantivos, são usados em relação à originação dependente; ver 4.5.

8. Lokasutta

O mundo (SN 56:28; V 435)

"Monges, há essas quatro nobres verdades... No mundo com seus devas, com Māra, com Brahmā, nessa população com seus ascetas e brâmanes, com seus devas e humanos, o Tathāgata é o nobre; portanto, são chamadas 'nobres verdades'.

"Portanto, monges, um esforço deve ser feito [para compreender]: 'Isso é sofrimento'... 'Esse é o caminho que leva à cessação do sofrimento'."

9. Pariññeyyasutta

Ser plenamente compreendido (SN 56:29; V 436)

"Monges, há essas quatro nobres verdades... Dessas quatro nobres verdades, há uma nobre verdade que deve ser plenamente compreendida, uma nobre verdade a ser abandonada, uma nobre verdade a ser entendida e uma nobre verdade a ser desenvolvida.

"E qual é, monges, a nobre verdade que deve ser plenamente compreendida? A nobre verdade do sofrimento deve ser plenamente compreendida; a nobre verdade da origem do sofrimento deve ser abandonada; a nobre verdade da cessação do sofrimento deve ser entendida; a nobre verdade do caminho que leva à cessação do sofrimento deve ser desenvolvida.

"Portanto, monges, um esforço deve ser feito [para compreender]: 'Isso é sofrimento'... 'Esse é o caminho que leva à cessação do sofrimento'."

10. Siṃsapāvanasutta

O bosque de siṃsapā (SN 56:31; V 437-438)

Em uma ocasião o Abençoado estava vivendo em Kosambī em um bosque de siṃsapā. Então, pegou algumas folhas de siṃsapā em sua mão e se dirigiu aos monges: "O que vocês pensam sobre isso, monges, o que é mais numeroso: essas poucas de folhas de siṃsapā que peguei com minha mão ou aquelas acima, no bosque de siṃsapā?"

"Bhante, as folhas de siṃsapā que o Abençoado pegou em sua mão são poucas, mas aquelas acima no bosque de siṃsapā são, na verdade, mais numerosas".

"Monges, do mesmo modo, aquilo que diretamente sei, mas não expus a vocês, é mais numeroso. E por que, monges, não o expus? Porque não é benéfico; não pertence à base para a vida espiritual; não leva ao desencantamento, à imparcialidade, à cessação, à paz, ao conhecimento direto, à iluminação, ao nibbāna. Portanto, não o expus.

"E o que, monges, expus? Expus: 'Isso é sofrimento'. Expus: 'Essa é a origem do sofrimento'. Expus: 'Essa é a cessação do sofrimento'. Expus: 'esse é o caminho que leva à cessação do sofrimento'. E por que, monges, expus isso? Porque é benéfico; pertence à base para a vida espiritual; leva ao desencantamento, à imparcialidade, à cessação, à paz, ao conhecimento direto, à iluminação, ao nibbāna. Portanto, expus isso.

"Assim, monges, um esforço deve ser feito [para compreender]: 'Isso é sofrimento'... 'Esse é o caminho que leva à cessação do sofrimento'."

11. DAṆḌASUTTA

O graveto (SN 56:33; V 439-440)

"Monges, assim como um graveto, jogado no ar, por vezes cai sobre sua parte inferior e por vezes cai sobre sua parte superior, do mesmo modo entes obstruídos pela ignorância e restringidos por anseio correm e vagam; por vezes, vão deste mundo para o outro mundo, e por vezes vêm do outro mundo para este mundo. Por qual razão? Porque, monges, eles não viram as quatro nobres verdades. Quais quatro? A nobre verdade do sofrimento... a nobre verdade do caminho que leva à cessação do sofrimento.

"Portanto, monges, um esforço deve ser feito [para compreender]: 'Isso é sofrimento'... 'Esse é o caminho que leva à cessação do sofrimento'."

12. CELASUTTA

O turbante (SN 56:34; V 440)

"Monges, se o turbante de alguém ou sua cabeça estivesse em chamas, o que deveria ser feito?"

"Bhante, se um turbante ou a cabeça de alguém estivesse em chamas, deveria praticar desejo, esforço, zelo, entusiasmo, persistência, atenção plena extraordinários e compreensão clara para extinguir esse [fogo em seu] turbante ou cabeça".

"Monges, se o turbante ou cabeça de alguém estivesse em chamas, poderia observar isso com equanimidade e não prestar atenção, mas enquanto as quatro nobres verdades não tiverem sido entendidas, deveria praticar desejo, esforço, zelo, entusiasmo, coragem, atenção plena extraordinários e compreensão clara para entendê-las como realmente são.

Portanto, monges, um esforço deve ser feito [para compreender]: 'Isso é sofrimento'... 'Esse é o caminho que leva à cessação do sofrimento'."

13. Suriyasutta – 1

O sol – 1 (SN 56:37; V 442)

"Esse, monges, é o prenúncio, o sinal do surgimento do sol – ou seja, o alvorecer. Do mesmo modo, para um monge, esse é o prenúncio, o sinal da descoberta das quatro nobres verdades como realmente são – ou seja, a visão correta.

"Portanto, monges, um esforço deve ser feito [para compreender]: 'Isso é sofrimento'… 'Esse é o caminho que leva à cessação do sofrimento'."

14. Suriyasutta – 2

O sol – 2 (SN 56:38; V 442-443)

"Monges, enquanto o sol e a lua não surgem no mundo, não há manifestação de grande luz e grande luminosidade, mas há escuridão cega, escuridão e penumbra. não surge no mundo, noites e dias não são discernidos, meses e quinzenas não são discernidos, estações e anos não são discernidos.

"Mas, monges, quando o sol e a lua surgem no mundo, então, há a manifestação de grande luz e grande luminosidade. Então, não há escuridão cegante, escuridão ou penumbra. Então, noites e dias são discernidos, meses e quinzenas são discernidos, estações e anos são discernidos.

"Assim, também, monges, enquanto Tathāgata, o arahant, o perfeitamente iluminado não surge no mundo, não há manifestação de grande luz e grande luminosidade, mas há escuridão cegante, escuridão e penumbra. Durante esse tempo, não há explicação, ensinamento, transmissão, estabelecimento, desvelamento, análise e elucidação das quatro nobres verdades.

"Mas, monges, quando o Tathāgata, o arahant, o perfeitamente iluminado surge no mundo, então, há a manifestação de grande luz e grande luminosidade. Então, não há escuridão cegante, escuridão e penumbra. Então, há explicação, ensinamento, transmissão, estabelecimento, desvelamento, análise e elucidação das quatro nobres verdades.

"Portanto, monges, um esforço deve ser feito [para compreender]: 'Isso é sofrimento'… 'Esse é o caminho que leva à cessação do sofrimento'."

15. Papātasutta

O precipício (SN 56:42; V 448-450)

Em uma ocasião, o Abençoado estava vivendo em Rājagaha no Pico do Monte do Abutre. Então, o Abençoado se dirigiu aos monges: "Venham, monges, vamos passar o dia no Pico Paṭibhāna".

"Sim, Bhante", aqueles monges responderam. Então, o Abençoado, junto a vários monges, foi ao Pico Paṭibhāna. Um monge viu o íngreme precipício do Pico

Paṭibhāna e disse ao Abençoado: "Esse precipício é, de fato, íngreme, Bhante; esse precipício é extremamente assustador. Mas, Bhante, há outro precipício mais íngreme e mais assustador que esse?"

"Existe, monge".

"Mas, Bhante, qual é o precipício mais íngreme e mais assustador que esse?"

[1. Aqueles que caem no precipício]

"Monges, aqueles ascetas e brâmanes que não compreendem como realmente é: 'Isso é sofrimento'; quem não compreende como realmente é: 'Essa é a origem do sofrimento'; quem não compreende como realmente é: 'Essa é a cessação do sofrimento'; quem não compreende como realmente é: 'Esse é o caminho que leva à cessação do sofrimento': eles se deleitam em atividades volicionais que levam ao nascimento; eles se deleitam em atividades volicionais que levam ao envelhecimento; eles se deleitam em atividades volicionais que levam à morte; eles se deleitam em atividades volicionais que levam a tristeza, lamentação, dor, desânimo e infelicidade[16].

"Deleitados com atividades volicionais que levam ao nascimento, deleitados com atividades volicionais que levam ao envelhecimento, deleitados com atividades volicionais que levam à morte, deleitados com atividades volicionais que levam a tristeza, lamentação, dor, desânimo e infelicidade, eles geram atividades volicionais que levam ao nascimento; eles geram atividades volicionais que levam ao envelhecimento; eles geram atividades volicionais que levam à morte, eles geram atividades volicionais que levam a tristeza, lamentação, dor, desânimo e infelicidade.

"Tendo gerado atividades volicionais que levam ao nascimento, tendo gerado atividades volicionais que levam ao envelhecimento, tendo gerado atividades volicionais que levam à morte, tendo gerado atividades volicionais que levam a tristeza, lamentação, dor, desânimo e infelicidade, caem do precipício do nascimento; caem do precipício do envelhecimento; caem do precipício da morte; caem do precipício de tristeza, lamentação, dor, desânimo e infelicidade.

"Não estão livres do nascimento, do envelhecimento, da morte, da tristeza, da lamentação, da dor, do desânimo, da infelicidade. 'Não estão livres do sofrimento', eu digo."

[2. Aqueles que não caem no precipício]

"Mas, monges, aqueles ascetas e brâmanes que compreendem como realmente é: 'Isso é sofrimento'... que compreendem como realmente é: 'Esse é o caminho que leva à cessação do sofrimento': não se deleitam em atividades volicionais que levam ao nascimento... Não deleitados com atividades volicionais que levam ao nascimento, não geram atividades volicionais que levam ao nascimento... Não tendo gerado atividades volicionais que levam ao nascimento... não caem no precipício do nascimento; não

---

16. Esta passagem contém implicitamente uma declaração condensada da sequência de originação dependente. Não ver as quatro nobres verdades é ignorância; deleitar-se em atividades volicionais que levam ao nascimento etc., é anseio. Gerar essas atividades volicionais é o segundo fator na fórmula padrão. E, cair do precipício do nascimento etc., é nascimento e envelhecimento-e-morte.

caem no precipício do envelhecimento; não caem no precipício da morte; não caem no precipício da tristeza, da lamentação, da dor, do desânimo e da infelicidade.

"Eles estão livres do nascimento, do envelhecimento, da morte, da tristeza, da lamentação, da dor, do desânimo, da infelicidade. 'Eles estão livres do sofrimento', eu digo.

"Portanto, monges, um esforço deve ser feito [para compreender]: 'Isso é sofrimento'... 'Esse é o caminho que leva à cessação do sofrimento'."

16. KŪṬĀGĀRASUTTA

Casa do pico (SN 56:44; V 452-453)

"Monges, se alguém dissesse, então: 'Sem ter entendido a nobre verdade do sofrimento como realmente é... sem ter entendido a nobre verdade do caminho que leva à cessação do sofrimento como realmente é, darei um fim completo ao sofrimento', não há possibilidade disso.

"Suponham, monges, que alguém dissesse assim: 'Sem ter construído o andar inferior do chalé, estabelecerei o andar superior'; não há possibilidade disso. Do mesmo modo, monges, embora alguém dissesse assim: 'Sem ter entendido a nobre verdade do sofrimento como realmente é... sem ter entendido a nobre verdade do caminho que leva à cessação do sofrimento como realmente é, darei um fim completo ao sofrimento', não há possibilidade disso.

"Mas, monges, se alguém dissesse assim: 'Tendo entendido a nobre verdade do sofrimento como realmente é... tendo entendido a nobre verdade do caminho que leva à cessação do sofrimento como realmente é, darei um fim completo ao sofrimento', há essa possibilidade.

"Suponham, monges, que alguém dissesse: 'Tendo construído o andar inferior de um chalé, estabelecerei o andar superior'; há essa possibilidade. Do mesmo modo, monges, se alguém dissesse assim: 'Tendo percebido a nobre verdade do sofrimento como realmente é... tendo percebido a nobre verdade do caminho que leva à cessação do sofrimento como realmente é, darei um fim completo ao sofrimento', existe essa possibilidade.

"Portanto, monges, um esforço deve ser feito [para compreender]: 'Isso é sofrimento'... 'Esse é o caminho que leva à cessação do sofrimento'."

17. CHIGGAḶAYUGASUTTA

Jugo com um orifício (SN 56:47; V 455-456)

"Suponham, monges, que um homem jogasse um jugo com um único orifício no grande oceano, e que houvesse uma tartaruga cega que viesse à superfície uma vez a cada cem anos. O que vocês acham, monges: essa tartaruga cega, vindo à superfície uma vez a cada cem anos, inseriria seu pescoço nesse jugo com um único orifício?"

"Se alguma vez isso ocorresse, Bhante, certamente seria após ter se passado um longo período de tempo".

"Eu digo, monges, essa tartaruga cega, vindo à superfície uma vez a cada cem anos, inseriria seu pescoço nesse jugo com um único orifício mais rapidamente do que o tolo que foi uma vez para o mundo inferior retornaria ao estado humano.

"Por qual razão? Porque aqui não há condutor dhamma, condutor virtuoso, atividade salutar, atividade meritória. Aqui ocorre o devoramento mútuo, o devoramento dos fracos. Por qual razão? Por não ter visto as quatro nobres verdades. Quais quatro? A nobre verdade do sofrimento… a nobre verdade do caminho que leva à cessação do sofrimento.

"Portanto, monges, um esforço deve ser feito [para compreender]: 'Isso é sofrimento'… 'Esse é o caminho que leva à cessação do sofrimento'."

18. Sinerupabbatarājasutta

Sineru, rei das montanhas (SN 56:49; V 457-458)

"Suponham, monges, que um homem colocasse ao lado de Sineru, o rei das montanhas, sete grãos de areia grossa do tamanho de feijões mungo. Monges, o que vocês pensam que é mais: os sete grãos de areia grossa do tamanho de feijões mungo que foram colocados lá ou Sineru, o rei das montanhas?"

"Esse, na verdade, é mais, Bhante – ou seja, Sineru, o rei das montanhas. Os sete grãos de areia grossa do tamanho de feijões mungo são insignificantes. Comparados a Sineru, o rei das montanhas, os sete grãos de areia grossa não são sequer calculáveis, sequer permitem comparação, não equivalem sequer a uma fração".

"O mesmo ocorre, monges, para um discípulo nobre, uma pessoa de visão consumada, que fez a descoberta[17]: o sofrimento que foi destruído e eliminado é mais, enquanto o que permanece é insignificante. Comparado à antiga massa de sofrimento que foi destruída e eliminada, a última sequer é calculável, sequer permite comparação, não equivale sequer a uma fração, porque há um máximo de mais sete vidas para quem compreende como realmente é: 'Isso é sofrimento'; quem compreende como realmente é: 'Essa é a origem do sofrimento'; quem compreende como realmente é: 'Essa é a cessação do sofrimento'; quem compreende como realmente é: 'Esse é o caminho que leva à cessação do sofrimento'.

"Portanto, monges, deve ser feito um esforço [para compreender]: 'Isso é sofrimento'. Um esforço deve ser feito [para compreender]: 'Essa é a origem do sofrimento'. Um esforço deve ser feito [para compreender]: 'Essa é a cessação do sofrimento'. Um esforço deve ser feito [para compreender]: 'Esse é o caminho que leva à cessação do sofrimento'."

---

17. *Ariyasāvakassa diṭṭhisampannassa puggalassa abhisametāvino*: Isso se refere a uma pessoa no nível mínimo de entrada na corrente. O mais letárgico ingressante na corrente tem um máximo de mais sete vidas, mas aos ingressantes na corrente mais astutos e àqueles em níveis superiores de atingimento restam ainda poucas vidas.

2

Os cinco agregados

O significado do sofrimento, concisamente

Introdução

Em seu primeiro discurso, o Buda declarou: "Concisamente, os cinco agregados--de-apego são sofrimento" (*saṃkhittena pañcupādānakkhandhā dukkhā*). Isso indica que a série de dukkha não está confinada à dor e angústia experienciais, mas se estende a todos os aspectos de nosso ser. Nesse sutta, contudo, o Buda não explica o que significam os cinco agregados, tampouco os analisa em detalhes. Para clarificação desse tema devemos nos voltar para o Khandhasaṃyutta (SN 22), que serve como um comentário estendido sobre essa afirmação, extraindo as implicações ocultas naquelas palavras penetrantes. Essa *saṃyutta* contém cerca de 150 suttas sobre os cinco agregados, muitos altamente repetitivos. Desses, selecionei dezesseis dos mais concisos e iluminadores para este capítulo.

A própria palavra *khandha* possui múltiplos significados, dentre eles uma massa (de lenha ou água), o tronco de uma árvore, o torso do corpo, ou o ombro de um elefante. No contexto do ensinamento do Buda, a palavra se refere a cinco grupos nos quais ele classificou os constituintes da experiência: forma material, sensação, percepção, atividades volicionais e consciência. Cada agregado pode ser visto como uma ampla categoria abrangendo uma multiplicidade de fatores que compartilham uma qualidade ou função. Embora a experiência em sua proximidade ocorra como um todo unificado, em retrospecto, qualquer experiência – qualquer ocasião de consciência – pode ser reflexivamente analisada nesses fatores.

Esse uso do termo "agregado" como uma categoria de classificação é explicitado em 2.13. Aqui, quando um monge pergunta ao Buda como a designação "agregados" se aplica aos agregados, ele responde: "Qualquer forma que exista, seja passada, futura ou presente, interna ou externa, bruta ou sutil, inferior ou superior, distante ou próxima: isso é chamado a forma agregada". E o mesmo vale para os outros quatro agregados. Assim, cada agregado inclui todo exemplo do fator particular que dá seu nome à categoria. Esses exemplos são distinguidos de onze formas. Três se referem à posição no tempo: seja passado, futuro ou presente. A outra díade se refere à posição relativa de si: como pertinente seja a si ou a outros entes diferentes de si. Em seguida, vêm duas díades que se referem à qualidade – seja bruta ou sutil, e inferior ou superior. E, finalmente, vem uma díade que se refere à posição espacial, seja distante ou próxima.

O conteúdo dos cinco agregados é especificado em SN 22:56 (III 59-61), um texto não incluído na presente coleção. O Buda explica que o agregado ou forma (*rūpakkhandha*) – ou seja, substância material – consiste de quatro grandes elementos e da forma derivada dos quatro grandes elementos. Os quatro grandes elementos são os elementos primários da antiga física indiana – terra, água, fogo e ar – que, de acordo com os comentários páli, representam quatro propriedades comportamentais da matéria[18]. O elemento terra representa a solidez ou a dureza (e seu contrário, a maciez) e tem a função de sustentar os outros elementos. O elemento água representa a liquidez e tem a função de unir as partículas materiais. O elemento fogo representa o calor (e sua ausência, o frio), com a função de "maturar" a matéria. E o elemento ar representa distensão, que ocorre nos modos de expansão e contração. A categoria de "forma derivada" inclui todos os tipos de matéria derivada dos quatro elementos. O mais importante desses são o elemento espaço, as cinco faculdades sensíveis e os objetos sensoriais – forma visível, som, odor e sabor[19].

A sensação surge pelo contato, o encontro da consciência com um objeto através de uma base sensível, que pode incluir a base mental puramente interna que conhece objetos puramente mentais. O agregado da sensação (*vedanākkhandha*) inclui os seis tipos de sensação, cada uma designada em função do contato que serve como sua condição. Assim, há sensação nascida do contato visual, sensação nascida do contato auditivo, sensação nascida do contato nasal, sensação nascida do contato com a língua, sensação nascida do contato corporal e sensação nascida do contato mental. Na análise budista da experiência, o termo *vedanā* se refere estritamente ao "tom afetivo" de uma experiência, seja prazerosa, dolorosa ou neutra. Não significa emoção, que, em termos do esquema de agregados, seria provavelmente considerada um fenômeno complexo envolvendo a interseção de vários agregados.

O agregado de percepção (*saññākkhandha*), que também surge por meio do contato, é constituído por seis tipos de percepção. Esses são designados em relação aos seus objetos em vez de suas faculdades sensíveis: percepção de formas visíveis, percepção de sons, percepção de odores, percepção de sabores, percepção de objetos táteis e percepção de objetos mentais. A percepção tem a função de selecionar e apreender as qualidades distintas do objeto, uma função que serve como a base para identificação, designação e subsequente reconhecimento. Alguns suttas destacam os perigos inerentes à percepção crua, originando-se de sua tendência para criar e postular rótulos inapropriados, que resultam em uma imagem distorcida, parcial e ilusória do mundo.

---

18. Para as definições sutta dos quatro elementos, ver MN I 185-189, MN I 421-422, MN III 240-241 e Vibh 82-84 (§§ 172-176). Para a explicação de comentadores, ver Vism 363-364.

19. De acordo com Abhidhamma, o objeto tátil consiste de três dos próprios elementos primários: o elemento terra, o elemento fogo e o elemento ar.

O agregado de atividades volicionais (*saṅkhārakkhandha*) inclui os seis tipos de volição, também nomeadas em função de seus objetos: volição concernente a formas visíveis, volição concernente a sons, volição concernente a odores, volição concernente a sabores, volição concernente a objetos táteis e volição concernente a objetos mentais. A função da volição é instigar a ação, e, assim, é através desse agregado que kamma é criado, de acordo com a declaração do Buda: "É a volição, monges, que chamo kamma; por ter desejado, a pessoa atua através do corpo, fala e mente"[20]. Nos textos budistas de um período ligeiramente posterior, a série desse agregado é expandida de modo que serve como uma categoria ampla abrangendo todas as funções mentais variadas mencionadas nos suttas que não se encaixam claramente nos outros agregados mentais. Passa a incluir, além da volição, fatores como pensamento (*vitakka*) e exame (*vicāra*), esses estados nocivos como ganância, ódio e ilusão, e estados salutares como atenção plena, bondade, compaixão e sabedoria.

O agregado de consciência inclui os seis tipos de consciência: consciência visual, consciência auditiva, consciência olfativa, consciência gustativa e consciência mental. A distinção exata entre consciência e percepção – entre *viññāṇa* e *saññā* – é difícil de estabelecer. As duas estão inextricavelmente ligadas, e os próprios textos não as diferenciam claramente. Contudo, baseando-me no fato de que a percepção é distinguida pela forma de seus objetos e a consciência pela forma de sua base sensível interna[21], estipularia que a consciência é o fator que "ilumina" uma esfera sensória inteira, tornando-a acessível através de uma faculdade sensível, enquanto a percepção é o fator que foca objetos dos sentidos iluminados pela consciência, distinguindo-os, rotulando-os e os ordenando em um mundo inteligível agrupado sob uma série de conceitos.

O Buda atribui aos agregados um papel tão grande em seu ensino porque, no âmbito mental das pessoas comuns, os agregados servem como a base primária para apego. O apego ocorre em um papel duplo, pela apropriação e pela identificação, os dois lados complementares da cognição distorcida arraigada na ignorância fundamental. Em sua totalidade, os cinco agregados abrangem todas as coisas que mais intimamente consideramos ser "minhas"; por isso, são a base para a apropriação. Ao mesmo tempo, constituem os fundamentos para a identificação, pela postulação de nossa noção de identidade pessoal. São os objetos nos quais imputamos o sentido inato de "eu" e reflexivamente definimos como nosso "eu".

Os cinco são designados "agregados-de-apego" precisamente porque servem como os objetos de apego. Embora o apego possa ocorrer de diversos modos, o tipo mais insidioso, de acordo com os Nikāyas, é a vinculação aos agregados como sendo "meu", "eu" e "meu si-mesmo". Para a pessoa comum não iluminada, essas noções parecem incontrovertíveis, e mesmo autoevidentes. Espontaneamente, consideramos os constituintes do corpo e mente "eu" e "meu", e, então, por meio da reflexão sobre a

20. Em AN III 415: *Cetanāhaṃ, bhikkhave, kammaṃ vadāmi. Cetayitvā kammaṃ karoti kāyena vācāya manasā.*

21. Contudo, essa declaração é obscurecida por SN 22:79 (em III 87), que define *saññā* como a percepção de diferentes cores e *viññāṇa* como o conhecimento de diferentes sabores. Certamente, *saññā* também está envolvida na cognição de sabores e *viññāṇa* na cognição de cores.

noção inerente de "eu", postulamos um "si-mesmo", uma tese de ordem mais elevada sobre nossa identidade essencial. Buscamos então determinar a relação exata entre esse si-mesmo aparente e os constituintes materiais e mentais de nosso ser. Como o si-mesmo é uma cifra, um vazio inencontrável, leva a uma busca ansiosa para preencher o vazio com um conteúdo concreto, um projeto que culmina em uma pletora de visões concorrentes sobre a natureza do si-mesmo.

Sob a influência da cognição distorcida, a pessoa comum – conhecida como a *puthujjana*, traduzida aqui como "pessoa mundana" – postula um si-mesmo que existe em alguma relação definida com os cinco agregados. A visão de um si-mesmo é o que os suttas chamam *sakkāyadiṭṭhi*, uma expressão notoriamente difícil de traduzir, mas que é traduzida aqui pela expressão deselegante "a visão do conjunto pessoal". O "conjunto pessoal" (*sakkāya*) é o conjunto dos próprios cinco agregados; *sakkāyadiṭṭhi* é a visão que surge na relação com esse conjunto, afirmando o si-mesmo como sendo idêntico a um ou outro dos agregados, ou como possuindo-os, ou como contido neles, ou como contendo-os em si.

Como essas quatro visões podem ser afirmadas em relação a cada um dos cinco agregados, implica que há vinte formulações possíveis da "visão do conjunto pessoal". Esses são especificados abaixo em 2.13.4. A pessoa mundana poderia adotar apenas um deles ou tentar manter vários ao mesmo tempo, mesmo que possam ser incompatíveis entre si. Assim como um cachorro amarrado a um poste continua correndo ao seu redor, de acordo com SN 22:100 (III 150-151), tendo adotado uma visão do si-mesmo, a pessoa mundana continua revolvendo em torno dos cinco agregados, incapaz de encontrar libertação.

Os problemas inerentes à identificação com um "si-mesmo" fictício são agravados pelo fato de que os cinco agregados servem como base para prazer e fruição. Como 2.5 indica, cada um dos agregados pode ser considerado a partir de três perspectivas: pela fruição que produz, pelo perigo inerente a ela e o modo de escapar ou se libertar dela. A fruição consiste no "prazer e alegria" que surgem na dependência dos agregados. Apegamo-nos aos nossos corpos como o instrumento essencial para encontrar felicidade e prazer; ansiamos por sensações prazerosas, buscamos objetos agradáveis de percepção, lançamo-nos em projetos ambiciosos ou nos envolvemos em atividades agradáveis e nos apegamos à consciência como a precondição para toda experiência de prazer. Todavia, subjacente a essa fruição, oculto da visão, o perigo espreita sob os pés: cada um dos agregados é impermanente, incapaz de prover satisfação duradoura e sujeito a mudanças.

Em reconhecimento a esse perigo, o Buda incorporou os cinco agregados-de-apego à sua exposição da nobre verdade do sofrimento. Identificar-se com eles como "eu" ou se apropriar deles como "meus" é se expor a sofrimento quando os agregados mudam e não satisfazem nossas expectativas. Apegar-se aos agregados é, com efeito, apegar-se ao dukkha. Quando reconhecemos o sofrimento inerente aos cinco agregados, tentamos, então, escapar ou nos libertar deles, o que deve ser obtido pela "remoção e abandono do desejo-e-luxúria" em relação a cada um dos agregados.

O feito do Buda, na ocasião de sua iluminação, foi penetrar a natureza real dos cinco agregados – que ele chamou "fenômenos mundanos no mundo" – e depois ao longo de sua carreira de ensino "indicá-los, ensiná-los, torná-los conhecidos, estabelecê-los, desvelá-los, analisá-los e elucidá-los" (2.14). Como o pioneiro, o descobridor do caminho, ele conquista pela primeira vez sua libertação da servidão aos cinco agregados; então, com base em seu entendimento, guia outros para a libertação. Aqueles que seguem seu ensinamento e prática como instruídos se tornam "libertados pela sabedoria", também conquistando libertação dos agregados (2.8).

Em ressonância à sua mensagem de libertação, a proclamação do Buda é como um rugido de leão. Quando o leão ruge, enche todos os outros animais de medo e horror, de modo que o ensinamento do Buda segundo o qual os cinco agregados experienciam originação e dissolução se estende ao sistema mundano. Atinge inclusive os céus, enchendo as deidades nos domínios celestiais com a realização chocante de que também são impermanentes (2.12).

Para romper a falsa identificação com os cinco agregados, o Buda proclama que todos esses constituintes de nosso ser, aos quais nos apegamos e com os quais nos identificamos, são realmente não si-mesmo (*anattā*), não são nossa verdadeira identidade. Contrário ao equívoco popular, o Buda não declara explicitamente que "não há si-mesmo". Em vez disso, ele adota uma abordagem mais pragmática, examinando as coisas assumidas como si-mesmo e mostrando, por meio de argumento racional, que falham em se equiparar aos critérios da verdadeira individualidade. Assim, *anattā* funciona não como uma negação completa de um si-mesmo, mas como uma negação das afirmações feitas sobre as coisas consideradas si-mesmo. As entidades usualmente examinadas são aquelas contidas nos cinco agregados. Invariavelmente, chega-se à conclusão de que os cinco agregados não são o si-mesmo que se supõe que sejam; em outras palavras, são *anattā*.

Os textos oferecem várias abordagens para demonstrar a natureza não-si-mesmo dos agregados. A fonte mais bem conhecida para essa demonstração é o *Anattalak-khaṇasutta*, "O discurso do não-si-mesmo característico" (incluído aqui como 2.9). Esse é considerado o segundo discurso formal do Buda, feito uma semana após o primeiro discurso. O sutta propõe dois argumentos que minam a identificação dos agregados como um si-mesmo. Ambos são contingentes a certas pressuposições sobre a natureza da individualidade. Embora essas premissas concernentes à ideia de um si-mesmo possam ter sido compartilhadas por várias correntes de pensamento na cultura filosófica indiana durante a época de Buda, os argumentos do sutta não exigem adesão à metafísica indiana antiga, mas atacam a nossa convicção inata de que há um sujeito autônomo de experiência residindo no núcleo de nosso ser. Mesmo sob o limiar da consciência clara, consideramos a intuição de que nossa vida revolve em torno de um sólido e imutável "eu", um centro de pensamento e emoção, a fonte de atividade volicional, que nos dá a sensação concreta de "sermos alguém". Esse, na análise final, é o alvo dos argumentos do Buda ao promover seu ensinamento sobre *anattā*.

O primeiro argumento no "Discurso do não-si-mesmo" é baseado na premissa de que um verdadeiro si-mesmo deveria ser invulnerável à dor e ao sofrimento. O corolário dessa premissa sustenta que o si-mesmo deveria ser autônomo, capaz de exercer controle sobre si e sobre as coisas que chegam à sua esfera de influência. E uma terceira premissa considera o si-mesmo intrinsecamente permanente. Tudo o mais poderia mudar e evanescer, mas o si-mesmo persiste, retendo inclusive sua identidade intrínseca.

O primeiro argumento contra a noção de um si-mesmo verdadeiramente existente enaltece as premissas de invulnerabilidade e autonomia. Procede do reconhecimento de que cada agregado é sujeito a aflição. O corpo adoece e decai, sensações dolorosas nos afligem ao longo do dia, percepções desagradáveis nos atormentam, nossos processos volicionais se recusam a considerar nossos desejos, e nossa consciência titubeia e falha, despejando pensamentos, emoções e impulsos que provocam em nós conflito e angústia. Por estarem além de nosso controle – a base para dor e aflição – os agregados se recusam a se conformar a nossos desejos, o que necessariamente fariam se fossem verdadeiramente nosso si-mesmo, verdadeiramente "e" e "meu". Por isso, o resultado é que cada um dos agregados é *anattā*, não nosso si-mesmo, não "eu" ou "meu".

O segundo argumento repousa sobre a premissa de que o si-mesmo deve ser permanente e uma fonte de felicidade duradoura. O argumento começa com a observação empírica de que os agregados são todos impermanentes. Cada agregado, examinado atentamente, é visto surgir e desaparecer e, como nossos poderes de observação se tornam cada vez mais aguçados, a ocorrência do processo de surgimento e desaparecimento é cada vez mais rápida, em níveis sempre mais sutis. Por serem impermanentes, os agregados não podem ser uma fonte de felicidade duradoura. São, portanto, dukkha, defectivos e insatisfatórios. E como todos terminam sendo impermanentes, dukkha, e sujeitos a mudanças, não podem ser considerados "meus", "eu" ou "meu-si-mesmo", pois o que é verdadeiramente "meu si-mesmo" deve ser permanente e feliz.

Os três termos desse argumento – impermanência, dukkha e não-si-mesmo –se tornam os marcos do ensinamento do Buda, conhecidos como as "três características". Eles são as marcas de coisas que devem ser penetradas com *insight* a fim de remover as ilusões cognitivas de permanência, prazer e si-mesmo. No paradigma padrão, o *insight* progride da impermanência ao dukkha, e da impermanência e do dukkha juntos para o não-si-mesmo, o mais sutil e profundo dos três. Embora essa progressão em três passos seja o procedimento usual que o Buda oferece para eliminar a identificação com os agregados, outros textos oferecem estratégias mais diretas. Alguns procedem direto da impermanência dos agregados para a destruição das impurezas. Assim, 2.1 se move diretamente do *insight* para a impermanência, daí para o desprendimento e a libertação, enquanto 2.2 deriva a impermanência de cada agregado da impermanência de suas condições. O texto 2.16 sustenta que a percepção dos agregados como impermanentes "elimina toda luxúria sensual, toda luxúria pela forma, toda luxúria pela existência, toda ignorância, destrói toda presunção do 'eu sou'".

Outros suttas, como 2.11, sugerem que uma pessoa pode contemplar diretamente os cinco agregados como não-si-mesmo sem passar por qualquer um dos passos preliminares. Aqui, um monge chamado Rādha pergunta a Buda como uma pessoa pode eliminar "feitura-do-eu, feitura-do-meu e tendências à presunção". O Buda responde dizendo-lhe diretamente para ver cada um dos agregados e todas as suas manifestações com a "visão correta", assim: "Isso não é meu, não sou isso, não é meu si-mesmo".

O texto 2.15 expõe o vazio intrínseco dos cinco agregados, comparando-os, respectivamente, a um grumo de espuma, bolhas na superfície da água, uma miragem, um caule de bananeira e uma ilusão mágica. Embora cada um desses pareça sólido ao olho destreinado, sob inspeção, terminam vazios, ocos e insubstanciais. Do mesmo modo, quando os agregados são atentamente investigados com *insight*, terminam vazios, ocos e insubstanciais. Embora o termo "não-si-mesmo" não seja usado expressamente nesse sutta, é bastante clara a implicação de que isso é o que é intencionado.

Não importa que abordagem seja adotada, a culminação é sempre a mesma. Ao olhar para a natureza não-si-mesma dos agregados, a pessoa se desencanta, perdendo sua fascinação por eles e todas as perspectivas de felicidade que prometem. E, depois, os textos continuam: "Desencantada, a pessoa se torna imparcial. Com a imparcialidade, liberta-se. Em relação ao que é libertado, o conhecimento ocorre assim: 'Libertado'. A pessoa compreende: 'o nascimento está terminado, a vida espiritual foi vivida, o que tinha de ser feito foi feito, nada mais há para esse estado de ser'".

Agregado	*Conteúdos*	*Condição*	*Símile*
forma	quatro grandes elementos e forma derivados deles	nutrição	um grumo de espuma
sensação	seis classes de sensação: nascido do contato através do olho, ouvido, nariz, língua, corpo e mente	contato	uma bolha na água
percepção	seis classes de percepção: de formas, sons, odores, sabores, objetos táteis e mentais	contato	uma miragem
volicional	seis classes de volição: com relação a formas, sons, odores, sabores, objetos táteis e mentais	contato	um caule de bananeira
consciência	seis classes de consciência: consciência visual, consciência auditiva, consciência olfativa, consciência gustativa e consciência mental	nome-e-forma	uma ilusão mágica

1. Aniccasutta

Impermanente (SN 22:12; III 21)

"A forma, monges, é impermanente, a sensação é impermanente, a percepção é impermanente, as atividades volicionais são impermanentes, a consciência é impermanente.

"Vendo assim, monges, o nobre discípulo cultivado se desencanta com a forma, com a sensação, com a percepção, com as atividades volicionais, com a consciência.

"Desencantando-se, torna-se imparcial. Por meio da imparcialidade, é libertado. Em relação ao que é libertado, o conhecimento ocorre assim: 'Libertado'. Ele compreende: 'Terminado é o nascimento, a vida espiritual foi vivida, o que tinha de ser feito foi feito, nada mais há para esse estado de ser'."

2. Sahetu-aniccasutta

Impermanente com causa (SN 22:18; III 23)

"A forma, monges, é impermanente. A causa e a condição para o surgimento da forma também é impermanente. Como, monges, poderia a forma, que se originou do que é impermanente, ser permanente?

"O sentimento é impermanente… A percepção é impermanente… As atividades volicionais são impermanentes… A consciência é impermanente. A causa e a condição para o surgimento da consciência também é impermanente. Como, monges, poderia a consciência, que se originou do que é impermanente, ser permanente?

"Vendo assim… compreende: 'Terminado é o nascimento, a vida espiritual foi vivida, o que tinha de ser feito foi feito, nada mais há para esse estado de ser'."

3. Pariññasutta

Compreensão plena (SN 22:23; III 26)

"Vou ensinar vocês, monges, coisas que devem ser plenamente compreendidas e a compreensão plena. Ouçam isto. E o que, monges, são coisas que devem ser plenamente compreendidas? A forma é uma coisa a ser plenamente compreendida, a sensação é uma coisa a ser plenamente compreendida, a percepção é uma coisa a ser plenamente compreendida, as atividades volicionais são coisas a serem plenamente compreendidas, a consciência é uma coisa a ser plenamente compreendida. Essas são chamadas 'coisas a serem plenamente compreendidas.

"E o que, monges, é a compreensão plena? A destruição da luxúria, do ódio, da ilusão: isso é chamado 'compreensão plena'"[22].

---

22. Spk II 264 explica que essa é "a compreensão última, a superação" (*accantapariññaṃ, samatikkamanti attho*).

4. ABHIJĀNASUTTA

Conhecendo diretamente (SN 22:24; III 26-27)

"Uma pessoa que não conhece diretamente a forma, monges, não a compreende plenamente; sem remover a paixão por ela, sem a abandonar, é incapaz de destruir o sofrimento. Uma pessoa que não conhece diretamente a sensação... que não conhece diretamente a percepção... que não conhece diretamente as atividades volicionais... que não conhece diretamente a consciência, que não a compreende plenamente, que não remove a paixão por ela, que não a abandona, é incapaz de destruir o sofrimento.

"Mas uma pessoa que conhece diretamente a forma, monges, compreendendo-a plenamente, removendo a paixão por ela, abandonando-a, é capaz de destruir o sofrimento. Uma pessoa que conhece diretamente a sensação... que conhece diretamente a percepção... que conhece diretamente as atividades volicionais... que conhece diretamente a consciência, compreendendo-a plenamente, removendo a paixão por ela, abandonando-a, é capaz de destruir o sofrimento."

5. ASSĀDASUTTA – 1

Fruição – 1 (SN 22:26; III 27-28)

"Antes da iluminação, monges, enquanto era apenas um bodhisatta, não plenamente iluminado, isto me ocorreu: 'O que é a fruição na forma, qual é o perigo, qual é a fuga? O que é a fruição na sensação, qual é o perigo, qual é a fuga? O que é a fruição na percepção, qual é o perigo, qual é a fuga? O que é a fruição nas atividades volicionais, qual é o perigo, qual é a fuga? O que é a fruição na consciência, qual é o perigo, qual é a fuga?'

"Isto me ocorreu, monges: 'O prazer e a alegria que surgem na dependência da forma: essa é a fruição na forma. Essa forma é impermanente, sofrimento, sujeita a mudanças: esse é o perigo na forma. A remoção do desejo-e-luxúria, seu abandono em relação à forma: essa é a fuga da forma. O prazer e a alegria que surgem na dependência do sentimento... O prazer e a alegria que surgem da dependência da percepção... O prazer e a alegria que surgem na dependência das atividades volicionais... O prazer e a alegria que surgem na dependência da consciência: essa é a fruição na consciência. Essa consciência é impermanente, sofrimento, sujeita a mudanças: esse é o perigo na consciência. A remoção do desejo-e-luxúria, seu abandono, em relação à consciência: essa é a fuga da consciência'.

"Enquanto, monges, não soube como realmente é, em relação a esses cinco agregados-de-apego, a fruição como a fruição, o perigo como o perigo, e a fuga como a fuga, no mundo com seus devas, Māra e Brahmā, na população com seus ascetas e brâmanes, seus devas e humanos, não afirmei: 'atingi a inigualável iluminação perfeita'.

"Mas, monges, quando a conheci diretamente como realmente é, com relação a esses cinco agregados-de-apego, a fruição como a fruição, o perigo como o perigo, e a fuga como a fuga, então, no mundo com seus devas, Māra e Brahmā, na população com seus ascetas e brâmanes, seus devas e humanos, afirmei: 'atingi a inigualável iluminação perfeita'. E o conhecimento e visão surgiram em mim: 'Inabalável é minha libertação da mente; esse é meu nascimento final; agora, não há existência renovada'."

6. Assādasutta – 2

Fruição – 2 (SN 22:28; III 29-31)

"Monges, se não houvesse fruição na forma, os entes não se tornariam ligados a ela. Mas, como há fruição na forma, os entes se tornam ligados a ela.

"Se não houvesse perigo na forma, entes não se desencantariam com ela. Mas, como há perigo na forma, os entes se desencantam com ela.

"Se não houvesse fuga da forma, os entes não fugiriam dela. Mas, como há, fogem dela.

"Monges, se não houvesse fruição na sensação… na percepção… nas atividades volicionais… na consciência, os entes não se ligariam à consciência. Mas, como há fruição na consciência, os entes ficam ligados a ela. Se não houvesse perigo na consciência, os entes não se desencantariam com ela. Mas, como há perigo na consciência, eles se desencantam com ela. Se não houvesse fuga da consciência, os entes não fugiriam dela. Mas, como há uma fuga da consciência, eles fogem dela.

"Enquanto, monges, os entes não sabiam como realmente é, com relação a esses cinco agregados-de-apego, a fruição como fruição, o perigo como perigo e a fuga como fuga, no mundo com seus devas, Māra e Brahmā, na população com seus ascetas e brâmanes, seus devas e humanos, os entes não vivem soltos, desprendidos, livres, com uma mente ilimitada.

"Mas, monges, quando os entes souberam como realmente é, com relação a esses cinco agregados-de-apego, a fruição como fruição, o perigo como perigo e a fuga como fuga, então, no mundo com seus devas, Māra e Brahmā, na população com seus ascetas e brâmanes, seus devas e humanos, entes vivem soltos, desprendidos, livres, com uma mente ilimitada."

7. Natumhākaṃsutta

Não seu (SN 22:33; III 33-34)

"Monges, o que quer que não lhes pertença, abandonem-no. Quando o fizerem, será para seu bem-estar e felicidade. E o que não é seu, monges? A forma não é sua: abandonem-na. Quando a abandonarem, será para seu bem-estar e felicidade. A sensação não é sua… A percepção não é sua… As atividades volicionais não são suas… A consciência não é sua: abandonem-na. Quando a abandonarem, será para seu bem-estar e felicidade.

"Monges, suponham que as pessoas removessem a grama, troncos, galhos e folhagens no bosque desse Jeta, ou os queimassem, ou fizessem o que quisessem com eles. Isto lhes ocorreria: 'As pessoas estão nos removendo, ou nos queimando, ou fazendo conosco o que desejam'?"

"Claramente, não, Bhante. Por qual razão? Porque esse não é nosso si-mesmo ou o que pertence ao nosso si-mesmo."

"Do mesmo modo, monges, a forma não é sua: abandonem-na. Quando a abandonarem, será para seu bem-estar e felicidade... A consciência não é sua: abandonem-na. Quando a abandonarem, será para seu bem-estar e felicidade."

8. SAMMĀSAMBUDDHASUTTA

O perfeitamente iluminado (SN 22:58; III 65-66)

"O Tathāgata, monges, o arahant, o perfeitamente iluminado, é livre por não se apegar pelo desencantamento à forma, pela imparcialidade e cessação, e é chamado 'um perfeitamente iluminado'. Um monge libertado pela sabedoria é também libertado ao não se apegar pelo desencantamento à forma, pela imparcialidade e cessação, e é chamado 'libertado pela sabedoria'.

"O Tathāgata, o arahant, o perfeitamente iluminado, é livre ao não se apegar através do desencantamento à sensação... pelo desencantamento à percepção... pelo desencantamento às atividades volicionais... pelo desencantamento à consciência, pela imparcialidade e cessação, e é chamado 'um perfeitamente iluminado'. Um monge libertado pela sabedoria é também libertado ao não se apegar pelo desencantamento à percepção... pelo desencantamento às atividades volicionais... pelo desencantamento à consciência, pela imparcialidade e cessação, e é chamado 'libertado pela sabedoria'.

"Eis aí, monges, qual é a distinção, qual é a disparidade, qual é a diferença entre o Tathāgata, o arahant, o perfeitamente iluminado e um monge libertado pela sabedoria?"

"Bhante, para nós, ensinamentos são enraizados no Abençoado, guiados pelo Abençoado, recorrem ao Abençoado. Por favor, Bhante, deixe o Abençoado esclarecer o significado dessa afirmação. Ao ouvirem dele, os monges a reterão na mente".

"Nesse caso, monges, ouçam e prestem bem atenção, eu falarei." – "Sim, Bhante", os monges responderam. O Abençoado disse isto: "O Tathāgata, monges, o arahant, o perfeitamente iluminado, o originador do caminho [previamente] não surgido, o produtor do caminho [previamente] não produzido, aquele que declara o caminho [previamente] não declarado; ele é o conhecedor do caminho, o buscador do caminho, o especialista do caminho. E seus discípulos vivem agora como seguidores do caminho e mais tarde passam a possuí-lo. Essa, monges, é a distinção, essa é a disparidade, essa é a diferença entre o Tathāgata, o arahant, o perfeitamente iluminado, e um monge libertado pela sabedoria".

O não-si-mesmo característico (SN 22:59; III 66-68)

[1. O argumento da aflição]

Em uma ocasião, o Abençoado estava vivendo em Bārāṇasī em Isipatana, no parque dos cervos. Lá, o Abençoado se dirigiu aos monges do grupo de cinco assim: "Monges!"[23] – "Venerável!", aqueles monges responderam ao Abençoado. O Abençoado então disse:

"A forma, monges, é não-si-mesmo. Pois, monges, se a forma fosse si-mesmo, essa forma não levaria à aflição, e seria possível [exercer o controle] sobre a forma desse modo[24]: 'Deixe minha forma ser assim; deixe minha forma não ser assim'. Mas, como a forma é não-si-mesmo, leva à aflição, e não é possível [exercer controle] sobre a forma assim: 'Deixe minha forma ser assim; deixe minha forma não ser assim'.

"A sensação é não-si-mesmo... A percepção é não-si-mesmo... As atividades volicionais são não-si-mesmo... A consciência é não-si-mesmo. Pois, monges, se a consciência fosse si-mesmo, não levaria à aflição, e seria possível [exercer controle] sobre a consciência assim: 'Deixe minha consciência ser assim; deixe minha consciência não ser assim'. Mas, como a consciência é não-si-mesmo, leva à aflição, e não é possível [exercer controle] sobre a consciência assim: 'Deixe minha consciência ser assim; deixe minha consciência não ser assim'. Mas, como a consciência é não-si-mesmo, leva à aflição, e não é possível [exercer controle] sobre a consciência assim: 'Deixe minha consciência ser assim; deixe minha consciência não ser assim'."

[2. O argumento da impermanência]

"O que vocês acham, monges, a forma é permanente ou impermanente?" – "Impermanente, Bhante". – "Mas o que é impermanente é sofrimento ou felicidade?" – "Sofrimento, Bhante". – "Mas é adequado considerar o que é impermanente, sofrimento, sujeito a mudanças assim: 'Isso é meu, eu sou isso, isso é meu si-mesmo'?" – "Certamente, não, Bhante".

"A sensação é permanente ou impermanente?... A percepção é permanente ou impermanente?... As atividades volicionais são permanentes ou impermanentes?... A consciência é permanente ou impermanente?" – "Impermanente, Bhante". – "Mas o que é impermanente é sofrimento ou felicidade?" – "Sofrimento, Bhante". – "Mas é adequado considerar o que é impermanente sofrimento e sujeito a mudanças assim: 'Isso é meu, eu sou isso, esse é meu si-mesmo'?" – "Certamente, não, Bhante".

---

23. *Pañcavaggiyā bhikkhū*. Esses são os cinco monges a quem o Buda proferiu o primeiro discurso, o *Dhammacakkappavattana Sutta*. Esse sutta, disse-se, foi proferido uma semana depois.

24. *Labbhetha ca rūpe: 'Evaṃ me rūpaṃ hotu, evaṃ me rūpaṃ mā ahosī'ti*. A sentença implica que se os agregados fossem o si-mesmo, a pessoa seria capaz de exercitar o controle absoluto sobre eles, de manipulá-los de acordo com sua vontade.

"Portanto, monges, qualquer forma que exista, seja passada, futura ou presente, interna ou externa, bruta ou sutil, inferior ou superior, próxima ou distante, toda forma deveria ser vista como realmente é, com sabedoria correta assim: 'Isso não é meu, não sou isso, isso não é meu si-mesmo'.

"Qualquer sensação que haja... Qualquer percepção que haja... Qualquer consciência que haja, seja passada, futura ou presente, interna ou externa, bruta ou sutil, inferior ou superior, distante ou próxima, toda consciência deveria ser vista como realmente é com sabedoria correta assim: 'Isso não é meu, não sou isso, isso não é meu si-mesmo'.

"Vendo assim, monges, o nobre discípulo cultivado se desencanta com a forma, com a sensação, com a percepção, com as atividades volicionais, com a consciência. Desencantado, torna-se imparcial. Pela imparcialidade, ele é libertado. Com relação ao que é libertado, o conhecimento ocorre assim: 'Libertado'. Ele compreende: 'Terminado é o nascimento, a vida espiritual foi vivida, o que tinha de ser feito foi feito, nada mais há para esse estado de ser'."

[3. Conclusão]

Isso é o que o Abençoado disse. Exultantes, os monges do grupo de cinco se alegraram com a afirmação do Iluminado. E, enquanto esse discurso era proferido, por meio do desapego as mentes dos monges do grupo de cinco foram libertadas dos influxos[25].

10. Upādiyamānasutta

O apegado (SN 22:63; III 73-74)

Então, um certo monge se aproximou do Abençoado, prestou-lhe homenagem e se sentou ao seu lado. Sentado ao seu lado, esse monge disse ao Abençoado: "Por favor, Bhante, deixe o Abençoado me ensinar brevemente o dhamma, de modo que, tendo ouvido o dhamma do Abençoado, eu possa habitar sozinho, retirado, diligente, ardente e resoluto".

"O apegado, monge, está vinculado a Māra; um não apegado está livre do Mal."

"Compreendido, Abençoado! Compreendido, Afortunado!"

"De que modo, monge, você compreende em detalhe o significado do que brevemente afirmei?"

"O apegado à forma, Bhante, está vinculado a Māra; o não apegado está livre do Mal. O apegado à sensação... O apegado à percepção... O apegado às atividades volicionais... O apegado à consciência está vinculado a Māra; o não apegado está livre do Mal. É desse modo, Bhante, que compreendo em detalhes o significado do que foi brevemente afirmado pelo Abençoado."

---

25. *Anupādāya āsavehi cittāni vimucciṃsu.* Isso significa que atingiram a condição de arahant.

"Bom, bom, monge! É bom que compreenda em detalhe o significado do que afirmei concisamente. O apegado à forma está vinculado a Māra; o não apegado está livre do Mal. O apegado à sensação... O apegado à percepção... O apegado às atividades volicionais... O apegado à consciência está vinculado a Māra; o não apegado está livre do Mal. É desse modo que o significado do que afirmei concisamente seria visto em detalhe."

Então, esse monge, tendo se alegrado e regozijado com a declaração do Abençoado, levantou-se de seu assento, e, após prestar homenagem ao Abençoado, tendo caminhado à sua volta, partiu.

Então, vivendo sozinho, retirado, atento, ardente e resoluto, esse monge, em pouco tempo, apercebeu-se por si com conhecimento direto, nessa vida presente, ingressou e viveu naquele objetivo inigualável da vida espiritual em prol do qual os jovens corretamente saem da vida familiar para a vida sem-teto. Ele diretamente sabia: "Terminado o nascimento, a vida espiritual foi vivida, o que tinha de ser feito foi feito, nada mais há para esse estado do ser". E esse monge se tornou um dos arahants.

11. RĀDHASUTTA

Rādha (SN 22:71; III 79-80)

Então, o Venerável Rādha se aproximou do Abençoado, prestou-lhe homenagem e se sentou ao seu lado. Sentado ao seu lado, o Venerável Rādha disse isto ao Abençoado: "Bhante, como alguém sabe, como alguém vê, de modo que feitura-do-eu, feitura-do-meu e tendências à presunção não ocorram em relação a esse corpo senciente e em relação a todos os objetos externos?"[26]

"Qualquer forma que exista, Rādha, seja passada, futura ou presente, interna ou externa, bruta ou sutil, inferior ou superior, distante ou próxima – alguém vê toda forma como realmente é com sabedoria correta assim: 'Isso não é meu, não sou isso, isso não é meu si-mesmo'. Qualquer sensação que exista... Qualquer percepção que exista... Quaisquer atividades volicionais que existam... Qualquer consciência que exista, seja passada, futura ou presente, interna ou externa, bruta ou sutil, inferior ou superior, distante ou próxima – alguém vê a consciência como realmente é com sabedoria correta assim: 'Isso não é meu, não sou isso, isso não é meu si-mesmo'.

"Pois se alguém sabe assim, Rādha, pois se alguém vê assim, feitura-do-eu, feitura-do-meu e tendências à presunção não ocorrem em relação a esse corpo senciente e em relação a todos os objetos externos" ... E o Venerável Rādha se tornou um dos arahants.

---

26. Spk II 215, comentando a mesma declaração em SN 18:21, explica *saviññāṇake kāye bahiddhā ca sabbanimittesu* como "o próprio corpo senciente da pessoa e os corpos sencientes de outras, junto à forma material desconectada da consciência. Ou, alternativamente, com a primeira se pretende dizer os corpos sencientes de uma pessoa e de outras, e com a segunda, a forma material externa não conectada às faculdades sensíveis". Com relação a *ahaṅkāra mamaṅkāramānānusayā*, o comentário identifica "feitura-do-eu" com visões [do si-mesmo], "feitura-do-meu" com anseio, e o último como tendências à presunção. Mas o composto é formulado de tal modo que *anusaya* poderia também estar conectado a todos os três termos, como tendências para "feitura-do-eu", "feitura-do-meu" e à "presunção".

12. SĪHASUTTA

O leão (SN 22:78; III 84-86)

"O leão, monges, o rei das feras, sai de sua toca à noite. Tendo saído, alonga-se, olha nas quatro direções, e emite um rugido de leão três vezes. Tendo emitido um rugido de leão três vezes, parte para seu local de alimentação.

"Aqueles animais que ouvem o rugido do leão, o rei das feras, em sua maioria desenvolvem medo, um senso de urgência e terror. Aqueles que vivem em buracos entram em buracos; aqueles que vivem na água entram na água; aqueles que vivem nos bosques entram nos bosques; os pássaros recorrem ao céu. Mesmo o elefante--touro do rei, presos por fortes correias nas aldeias, cidadezinhas e cidades reais, rompe e cinde aquelas correias; então, assustado, urinando e defecando, eles correm aqui e ali. Tão poderoso, monge, é o leão, o rei das feras, sobre os animais, tão dominante, tão forte.

"Do mesmo modo, monges, quando o Tathāgata surge no mundo, um arahant, perfeitamente iluminado, especialista em conhecimento e conduta claros, afortunado, conhecedor do mundo, treinador inigualável de pessoas a serem treinadas, instrutor de devas e humanos, o Iluminado, o Abençoado, ele ensina o dhamma assim: 'Assim é a forma, sua origem, seu fenecimento; assim é a sensação... a percepção... assim são as atividades volicionais... assim é a consciência, sua origem, seu fenecimento'.

"Então, monges, mesmo aqueles devas que são longevos, belos, cheios de felicidade, vivendo há muito em altos palácios, quando ouvem o ensinamento dhamma do Tathāgata, em sua maioria, desenvolvem medo, um senso de urgência e terror[27], dizendo: 'Parece, senhor, que sendo de fato impermanentes, pensávamos ser permanentes. Parece que sendo de fato efêmeros, pensávamos ser duradouros. Parece que somos impermanentes, não duradouros, não eternos, incluídos no conjunto pessoal'[28]. Tão poderoso, monges, é o Tathāgata sobre este mundo com seus devas, tão dominante, tão forte."

Isso é o que o Abençoado disse. Tendo dito isso, o Afortunado, o Instrutor, disse ainda:

> Quando o Buda, através do conhecimento direto,
> coloca em movimento a Roda do Dhamma,
> o instrutor incomparável neste mundo
> com seus devas [torna-o conhecido]:
> A cessação do conjunto pessoal
> e a origem do conjunto pessoal,

---

27. Spk II 288 explica que a expressão "em sua maioria" (*yebhuyyena*) faz exceção àqueles devas que são nobres discípulos. Para devas que são arahants, nenhum medo surge. Para os outros devas, o "conhecimento do medo" surge no momento do forte *insight*.

28. *Sakkāyapariyāpannā*. *Sakkāya*, "conjunto pessoal", é o conjunto dos cinco agregados sujeitos a apego.

também o nobre caminho óctuplo
que leva ao aplacamento do sofrimento.
Então, aqueles devas com vidas longas,
belos, ardendo em glória,
são atingidos pelo medo, cheios de terror,
como feras que ouvem o rugido do leão.
"Não transcendemos o conjunto pessoal;
parece, senhor, que somos impermanentes."
[Assim, eles dizem] ter ouvido a afirmação
Do arahant, do estável liberada.

13. PUṆṆAMASUTTA

Lua cheia (SN 22:82; III 100-104)

[1. O pedido para clarificação]

Em uma ocasião, o Abençoado estava vivendo no Sāvatthī no Parque Oriental, na mansão da mãe de Migāra, junto a um grande sangha monástico. Nessa ocasião, o Abençoado – naquele dia uposatha, o décimo quinto, uma noite de lua cheia – estava sentado ao ar livre cercado pelo sangha monástico[29].

Então, um certo monge, tendo se levantado de seu assento, arrumou seu manto superior sobre um ombro, saudou o Abençoado com as palmas unidas e disse isto: "Bhante, perguntarei ao Abençoado sobre um ponto particular, se me fizer o favor de responder minha questão".

"Nesse caso, monge, sente-se em seu assento e pergunte o que deseja."

"Sim, Bhante", esse monge respondeu, sentado em seu assento, e disse isto:

[2. Os cinco agregados e o desejo]

"São esses, Bhante, os cinco agregados-de-apego – ou seja, o agregado-de-apego à forma, o agregado-de-apego à sensação, o agregado-de-apego à percepção, o agregado-de-apego às atividades volicionais, o agregado-de-apego à consciência?"

"Esses, monge, são os agregados-de-apego – ou seja, o agregado-de-apego à forma… à consciência."

Dizendo, "Bom, Bhante", tendo se alegrado e regozijado na declaração do Abençoado, esse monge fez ainda outra pergunta: "Mas, Bhante, em que estão enraizados esses cinco agregados-de-apego?"

---

29. Esse sutta ocorre como MN 109. O "décimo quinto" (*pannarasa*) é o décimo quinto dia da quinzena, a noite de lua cheia.

"Esses cinco agregados-de-apego, monge, estão enraizados no desejo"[30]. Dizendo, "Bom, Bhante", ... esse monge fez ainda outra pergunta: "Bhante, esse apego em si é [o mesmo que] aqueles cinco agregados-de-apego ou há apego além dos cinco agregados-de-apego?"

"Monge, esse apego em si não é [o mesmo que] aqueles cinco agregados-de--apego, tampouco há apego fora dos cinco agregados-de-apego. Mas, em vez disso, o desejo-e-luxúria aí [em relação a eles], esse é o apego aí"[31].

Dizendo, "Bom, Bhante", esse monge fez ainda outra pergunta: "Bhante, poderia haver diversidade no desejo-e-luxúria para os cinco agregados-de-apego?"

"Poderia haver, monge", disse o Abençoado. "Aqui, monge, ocorre a alguém: 'Posso ter uma forma assim no futuro, posso ter uma sensação assim no futuro, posso ter uma percepção assim no futuro, posso ter atividades volicionais assim no futuro, posso ter uma consciência assim no futuro!' Portanto, monge, pode haver diversidade no desejo-e-luxúria para os cinco agregados-de-apego."

[3. Designando e descrevendo os agregados]

Dizendo, "Bom, Bhante", esse monge fez ainda outra pergunta: "De que modo, Bhante, a designação 'agregados' se aplica aos agregados?"

"Qualquer forma que exista, monge, seja passada, futura ou presente, interna ou externa, bruta ou sutil, inferior ou superior, distante ou próxima: essa é chamada o 'agregado da forma'. Qualquer sensação que exista, seja passada, futura ou presente... essa é chamada o 'agregado da sensação'. Qualquer percepção que exista, seja passada, futura ou presente... essa é chamada o 'agregado da percepção'. Quaisquer atividades volicionais que existam, sejam passadas, futuras ou presentes... essas são chamadas o 'agregado das atividades volicionais'. Qualquer consciência que exista, seja passada, futura ou presente, interna ou externa, bruta ou sutil, inferior ou superior, distante ou próxima: essa é chamada o 'agregado da consciência'. É desse modo, monge, que a designação 'agregados' se aplica aos agregados."

Dizendo, "Bom, Bhante", esse monge fez ainda outra pergunta: "Qual é a causa e condição, Bhante, para tornar conhecido o agregado da forma? Qual é a causa e condição para tornar conhecido o agregado da sensação? Qual é a causa e condição para tornar conhecido o agregado da percepção? Qual é a causa e condição para tornar conhecido o agregado das atividades volicionais? Qual é a causa e condição para tornar conhecido o agregado da consciência?"

---

30. *Ime kho, bhikkhu, pañcupādānakkhandhā chandamūlakā*. Spk II 307 identifica *chanda* aqui com anseio (*taṇhā*). A declaração pode ser interpretada acomo significando que o conjunto presente de cinco agregados surgiu na descrição do anseio da vida anterior que os criou nesta vida.

31. Spk II 307 explica que se disse que "o apego em si não é [o mesmo que] aqueles cinco agregados de apego" porque esses não são simplesmente desejo-e-luxúria. Mas se disse que "não há apego fora dos cinco agregados de apego" porque não há apego separado dos agregados, sem ocorrerem junto a eles ou sem tomá-los como seu objeto.

"Os quatro grandes elementos, monge, são a causa e condição para tornar conhecido o agregado da forma. O contato é a causa e condição para tornar conhecido o agregado da sensação. O contato é a causa e condição para tornar conhecido o agregado da percepção. O contato é a causa e condição para tornar conhecido o agregado das atividades volicionais. Nome-e-forma é a causa e condição para tornar conhecido o agregado da consciência."

[4. A visão do conjunto pessoal]

Dizendo, "Bom, Bhante", esse monge fez ainda outra pergunta: "Como, Bhante, a visão do conjunto pessoal ocorre?"

"Aqui, monge, uma pessoa mundana não cultivada, que não vê os nobres, que não é qualificada no dhamma dos nobres, que não é treinada no dhamma dos nobres, que não vê e pessoas boas, que não é qualificada no dhamma das pessoas boas, que não é treinada no dhamma das pessoas boas, considera a forma como um si-mesmo, ou o si-mesmo como possuindo forma, ou a forma em um si-mesmo, ou o si-mesmo como na forma. Considera a sensação como si-mesmo... a percepção como si-mesmo... as atividades volicionais como si-mesmo... a consciência como si-mesmo, ou o si-mesmo como possuindo consciência, ou a consciência como no si-mesmo, ou o si-mesmo como na consciência. É desse modo que a visão do conjunto pessoal ocorre."

"Mas, Bhante, como a visão do conjunto pessoal não ocorre?"

"Aqui, monge, um nobre discípulo instruído, que vê os nobres, que é qualificado no dhamma dos nobres, que é treinado no dhamma dos nobres, que vê pessoas boas, que é qualificado no dhamma das pessoas boas, que é treinado no dhamma das pessoas boas, não considera a forma como um si-mesmo, ou o si-mesmo como possuindo forma, ou a forma em um si-mesmo, ou o si-mesmo como na forma. Não considera a sensação como si-mesmo... a percepção como si-mesmo... as atividades volicionais como si-mesmo... Não considera a consciência como si-mesmo, ou o si-mesmo como possuindo consciência, ou a consciência como no si-mesmo, ou o si-mesmo como na consciência. É desse modo que a visão do conjunto pessoal não ocorre."

[As sessões remanescentes desse sutta abrem com perguntas cujas respostas correspondem a 2.5, 2.11 e 2.9.3.]

14. Pupphasutta

Flores (SN 22:94; III 138-140)

[1. Não discutir com o mundo]

"Monges, não discuto com o mundo; o mundo, na verdade, discute comigo. Um falante do dhamma não discute com pessoa alguma no mundo. Aquilo sobre o que os sábios no mundo concordaram como não existente, também digo sobre isso: 'Não existe'. Aquilo sobre o que os sábios no mundo concordaram como existindo, também digo sobre isso: 'Existe'.

"E o que é, monges, que os sábios no mundo concordaram como não existindo, sobre o qual também digo: 'Não existe'? A forma que é permanente, duradoura, eterna, não sujeita a mudanças: os sábios no mundo concordaram que isso não existe, e também digo: 'Não existe'. A sensação que é permanente... Atividades volitivas que são permanentes... A consciência que é permanente, duradoura, eterna, não sujeita a mudanças: os sábios no mundo concordaram que isso não existe, e também digo sobre isso: 'Não existe'. Isso é sobre o que os sábios no mundo concordaram como não existindo, sobre o que também digo: 'Não existe'.

"E o que é, monges, que os sábios no mundo concordaram como existindo, sobre o qual também digo: 'Existe'? A forma que é impermanente, sofrimento, sujeita a mudanças: os sábios no mundo concordaram que isso existe, e também digo sobre isso: 'Existe'. A sensação que é impermanente... A percepção que é impermanente... As atividades volicionais que são impermanentes... A consciência que é impermanente, sofrimento, sujeita a mudanças: os sábios no mundo concordaram que isso existe, e também digo sobre isso: 'Existe'. É sobre isso que os sábios no mundo concordaram como existindo, sobre o qual também digo: 'Existe'."

[2. Fenômenos mundanos no mundo]

"Existe, monges, um fenômeno mundano no mundo sobre o qual Tathāgata se iluminou e fez a descoberta. Tendo-se se iluminado em relação a isso e feito a descoberta para isso, indica-o, ensina-o, torna-o conhecido, estabelece-o, desvela-o, analisa-o e o elucida.

"E o que é esse fenômeno mundano sobre o qual o Tathāgata se iluminou e fez a descoberta, e que ele então indica, ensina, torna conhecido, estabelece, desvela, analisa e elucida? A forma, monges, é um fenômeno mundano no mundo sobre o qual o Tathāgata se iluminou e fez a descoberta, e que ele então indica, ensina, torna conhecido, estabelece, desvela, analisa e elucida.

"Quando está sendo assim indicado, ensinado, tornado conhecido, estabelecido, desvelado, analisado e elucidado pelo Tathāgata, se ninguém sabe e vê, como posso fazer algo com essa pessoa mundana tola que é cega, que não sabe e não vê?

"A sensação é um fenômeno mundano no mundo... A percepção é um fenômeno mundano no mundo... As atividades volicionais são um fenômeno mundano no mundo... A consciência é um fenômeno mundano no mundo sobre o qual o Tathāgata se iluminou e deu o passo, e que ele então indica, ensina, torna conhecido, estabelece, desvela, analisa e elucida.

"Quando está sendo assim indicado, ensinado, tornado conhecido, estabelecido, desvelado, analisado e elucidado pelo Tathāgata, se ninguém sabe e vê, como posso fazer algo com essa pessoa mundana tola que é cega e sem visão, que não sabe e não vê?"

[3. O símile do lótus]

"Monges, assim como um lótus azul, vermelho ou branco nasce e cresce na água, mas, tendo surgido da água, permanece não corrompido pela água, o Tathāgata nasceu e cresceu no mundo, mas, tendo superado o mundo, habita-o sem ser corrompido por ele."

15. PHEṆAPIṆḌŪPAMASUTTA

Símile do grumo de espuma (SN 22:95; III 140-142)

[1. Forma]

Em uma ocasião, o Abençoado estava vivendo em Ayojjhā na margem do Rio Ganges. Lá, o Abençoado se dirigiu aos monges: "Suponham, monges, que esse Rio Ganges transportasse um grande grumo de espuma. Um homem de visão clara o visse, ponderasse sobre ele e o investigasse cuidadosamente. Enquanto o fizesse, lhe pareceria vazio, oco, insubstancial. Pois que substância poderia haver em um grumo de espuma?"

"Do mesmo modo, monges, qualquer forma que exista, seja passada, futura ou presente, interna ou externa, bruta ou sutil, inferior ou superior, distante ou próxima: um monge a vê, pondera sobre ela e a investiga cuidadosamente. Enquanto o faz, parece-lhe vazia, parece-lhe oca, parece-lhe insubstancial. Pois que substância poderia haver na forma?"[32]

[2. Sensação]

"Suponham, monges, no outono, quando está chovendo e do céu caem grandes gotas de chuva, uma bolha na água surge e desaparece sobre a superfície da água. Um homem de visão clara a veria, ponderaria sobre ela e a investigaria cuidadosamente. Enquanto o fizesse, ela lhe pareceria vazia, oca, insubstancial. Pois que substância poderia haver em uma bolha na água?

"Do mesmo modo, monges, qualquer sensação que exista, seja passada, futura ou presente, interna ou externa, bruta ou sutil, inferior ou superior, distante ou próxima: um monge a vê, pondera sobre ela e a investiga cuidadosamente. Enquanto o faz, ela lhe parece vazia, oca, insubstancial. Pois que substância poderia haver na sensação?"[33]

---

32. Spk II 321 explica detalhadamente como a forma (*i.e.*, o corpo) é como um grumo de espuma (*pheṇapiṇḍa*). Para mostrar apenas os pontos principais: Como um grumo de espuma carece de qualquer substância (*sāra*), a forma carece de qualquer substância que seja permanente, estável, ou um si-mesmo; como o grumo de espuma é cheio de fissuras e a morada de muitas criaturas, o mesmo ocorre com a forma; como o grumo de espuma se dispersa, o mesmo ocorre com a forma, que é pulverizada na boca da Morte.

33. Spk II 322: Uma bolha (*bubbuḷa*) é débil e não pode ser apreendida, pois se rompe tão logo seja pega; assim também é a sensação, que é débil e não pode ser apreendida como permanente e estável. Como uma bolha que surge e desaparece, e não dura muito, milhões de sensações surgem e cessam em um esta-

[3. Percepção]

"Suponham, monges, que no último mês da estação quente, ao meio-dia, uma miragem surge. Um homem de visão clara a veria, ponderaria sobre ela e a investigaria cuidadosamente. Enquanto o fizesse, ela lhe pareceria vazia, oca, insubstancial. Pois que substância poderia haver em uma miragem?

"Do mesmo modo, monges, qualquer percepção que exista, seja passada, futura ou presente, interna ou externa, bruta ou sutil, inferior ou superior, distante ou próxima: um monge a vê, pondera sobre ela e a investiga cuidadosamente. Enquanto o faz, ela lhe parece vazia, oca, insubstancial. Pois que substância poderia haver na percepção?"[34]

[4. Atividades volicionais]

"Suponham, monges, um homem que necessita de cerne, e o procura, perambulando em sua busca; ele pegaria um machado afiado e entraria em um bosque. Lá, ele veria um grande caule de bananeira, reto, fresco, sem inflorescências. Ele o cortaria na base e no topo e desenrolaria o espiral. Enquanto fizesse isso, não encontraria sequer madeira mole; como então poderia encontrar cerne? Um homem de visão clara o veria, ponderaria e investigaria cuidadosamente. Enquanto o fizesse, o caule de bananeira lhe pareceria vazio, oco, insubstancial. Pois que substância poderia haver em um caule de bananeira?

"Do mesmo modo, monges, quaisquer atividades volicionais que existam, sejam passadas, futuras ou presentes, internas ou externas, brutas ou sutis, inferiores ou superiores, distantes ou próximas: um monge as vê, pondera sobre elas e as investiga cuidadosamente. Enquanto o faz, elas lhe parecem vazias, ocas, insubstanciais. Pois que substância poderia haver em atividades volicionais?"[35]

[5. Consciência]

"Suponham, monges, que um mágico ou aprendiz de mágico fosse apresentar uma ilusão mágica em um cruzamento. Um homem de visão clara a veria, ponderaria sobre ela e a investigaria cuidadosamente. Enquanto o fizesse, ela lhe pareceria vazia, oca, insubstancial. Pois que substância poderia haver em uma ilusão mágica?

"Do mesmo modo, monges, qualquer consciência que existe, seja passada, futura ou presente, interna ou externa, bruta ou sutil, inferior ou superior, distante ou próxima: um monge a vê, pondera sobre ela e a investiga cuidadosamente. Enquanto o faz, ela lhe parece vazia, oca, insubstancial. Pois que substância poderia haver na consciência?"[36]

---

lar de dedos. Como uma bolha que depende de condições, a sensação depende de uma base sensível, de um objeto, das impurezas e do contato.

34. Spk II 322: A percepção é como uma miragem (*marīci*) no sentido de que é insubstancial, pois não podemos apreender uma miragem [de água] para beber ou nos banhar ou para encher um jarro. Do mesmo modo que uma miragem engana a multidão, a percepção atrai pessoas com a ideia de que o objeto é bonito, prazeroso e permanente.

35. Spk II 323: como um tronco de bananeira (*kadalikkhandha*) é um conjunto de muitos invólucros, cada um com sua característica, o agregado de atividades volicionais é um conjunto de muitos fatores mentais, como contato, volição etc., cada um com sua característica.

36. Spk II 323: A consciência é como uma ilusão mágica (*māyā*) no sentido de que é insubstancial e não

[6. Libertação]

"Vendo assim, monges, o nobre discípulo cultivado se desencanta com a forma, com a sensação, com a percepção, com as atividades volicionais, com a consciência. Desencantado, torna-se imparcial. Pela imparcialidade, é libertado. Com relação ao que é libertado, o conhecimento ocorre assim: 'Libertado'. Ele compreende: 'Terminado é o nascimento, a vida espiritual foi vivida, o que tinha de ser feito foi feito, nada mais há para esse estado de ser'."

Isso é o que o Abençoado disse. Tendo dito isso, o Afortunado, o Instrutor, disse ainda:

A forma é como um grumo de espuma,
a sensação, como uma bolha na água;
a percepção, como uma miragem,
volições, como um caule de bananeira,
e a consciência, como uma ilusão:
assim explicou o Parente do Sol[37].
Independentemente do quanto alguém possa ponderar sobre ela
e investigá-la cuidadosamente,
parece apenas oca e vazia
quando a vê cuidadosamente.
Com referência a esse corpo
Aquele da Visão Ampla ensinou
que, com o abandono das três coisas,
vê essa forma descartada.
Quando vitalidade, calor e consciência
partem deste corpo físico,
então, ele permanece ali rejeitado:
alimento para outros, sem volição.
Assim é esse *continuum*,
essa ilusão, sedutora de tolos.
Ensina-se que é um assassino;
aqui, nenhuma substância pode ser encontrada.
Surgiu um monge com energia
que consideraria assim os agregados,
seja de dia ou de noite,
compreendendo, sempre com atenção plena.
Ele descartaria todos as restrições
e faria um refúgio para si.

---

pode ser apreendida. A consciência é ainda mais transiente e fugidia do que uma ilusão mágica. Pois dá a impressão de que uma pessoa vem e vai, fica em pé e senta, com a mesma mente, mas a mente é diferente em cada uma dessas atividades. A consciência engana a multidão como uma ilusão mágica.

37. *Ādiccabandhu*: um epíteto de Buddha.

Deixe-o praticar como com a cabeça em chamas,
Aspirando pelo estado imperecível.

16. ANICCASAÑÑĀSUTTA

Percepção do impermanente (SN 22:102; III 155-157)

"A percepção do impermanente, monges, desenvolvida e cultivada, elimina toda luxúria sensual, toda luxúria pela forma, pela existência, toda ignorância, destrói toda presunção do 'eu sou'."

"Monges, do mesmo modo que, no outono, um lavrador, lavrando com um grande arado, divide todos os filamentos de raízes enquanto lavra, a percepção do impermanente, desenvolvida e cultivada, elimina toda luxúria sensual pela existência, toda ignorância, destrói toda presunção do 'eu sou'...

"Do mesmo modo, monges, qualquer luminosidade que exista das estrelas não vale uma décima-sexta porção da luminosidade da lua, [essa] luminosidade da lua é considerada a principal entre elas; do mesmo modo, a percepção do impermanente... destrói toda presunção do 'eu sou'.

"Monges, assim como no outono, quando o céu está claro, livre de nuvens, o sol, surgindo pelo firmamento, dispersa toda escuridão ao longo do espaço e brilha, irradia e ilumina, a percepção do impermanente, desenvolvida e cultivada, elimina toda luxúria sensual pela existência, toda ignorância, destrói toda presunção do 'eu sou'.

"Monges, e como a percepção do impermanente é desenvolvida, como é cultivada, de modo a eliminar toda luxúria sensual... destrói toda presunção do 'eu sou'? 'Assim é a forma, sua origem, seu fenecimento; assim é a sensação... a percepção... assim são as atividades volicionais... assim é a consciência, sua origem, seu fenecimento'. Monges, quando a percepção do impermanente é assim desenvolvida, cultivada, elimina toda luxúria sensual, toda luxúria pela forma, pela existência, toda ignorância, destrói toda presunção do 'eu sou'."

3

As bases dos seis sentidos
Os canais pelos quais se origina o sofrimento

Introdução

As bases dos seis sentidos, tratadas em detalhes no capítulo 35 do Saṃyutta Nikāya, são outra estrutura, complementar aos cinco agregados, que o Buda usa para explorar a natureza da experiência e, assim, desvelar a natureza do dukkha. As bases sensíveis ocorrem em pares, internos e externos. As seis bases sensíveis internas são as faculdades sensíveis pelas quais a mente obtém acesso aos objetos dos sentidos e, com isso, ao mundo. Como toda experiência condicionada está incluída na nobre verdade do sofrimento, as seis bases internas podem ser chamadas "os canais pelos quais se origina o sofrimento". Um discurso no Saccasaṃyutta (SN 56:14, at V 426), de fato, define concisamente a nobre verdade do sofrimento como as seis bases sensíveis internas.

As seis bases sensíveis internas têm uma base externa correspondente, totalizando doze bases: o olho e as formas visíveis, o ouvido e os sons, o nariz e os odores, a língua e os sabores, o corpo e os objetos táteis, e a mente e objetos mentais. Os pares são chamados "bases" (*āyatana*) porque cada um serve como a plataforma para o surgimento do tipo correspondente de consciência. Assim, consciência visual surge na dependência do olho e das formas visíveis, a consciência auditiva, na dependência do ouvido e dos sons, e cada um dos outros tipos de consciência, na dependência de suas respectivas bases internas e externas. Disso, pode ser visto que o princípio de condicionalidade, que subjaz a fórmula de originação dependente (explorada no capítulo seguinte), também governa o surgimento da consciência, minando a noção de consciência como um sujeito autônomo, estável, da experiência.

O referente exato da base mental (*manāyatana*) é ambíguo. O Abhidhamma identifica a base mental com a consciência em sua inteireza, e, assim, com todas as seis classes de consciência[38]. Contudo, como se diz repetidamente que a mente

38. Vibh 71 (§ 161): *Chabbidhena manāyatanaṃ: cakkhuviññāṇaṃ, sotaviññāṇaṃ, ghānaviññāṇaṃ, jivhāviññāṇaṃ, kāyaviññāṇaṃ, manoviññāṇaṃ.*

(*mano*) é a base para o surgimento da consciência mental, parece improvável que essa interpretação transmita a intenção original dos suttas, que tratam a base mental como análoga a outras bases sensíveis em relação aos seus tipos correspondentes de consciência. Não há indicação, porém, de que a base mental seja material; em vez disso, parece ser um órgão mental interno. Se tratamos as duas bases imateriais como paralelas às bases materiais internas e externas, podemos compreender que a base mental é o apoio para o surgimento da consciência mental (*manoviññāṇa*), e que a base de objetos mentais (*dhammāyatana*) é a esfera objetiva da consciência mental. Nessa interpretação, a base mental poderia ser considerada o fluxo subconsciente da mente, do qual emerge a consciência reflexiva ativa, e sua correspondente base externa, os objetos puramente mentais apreendidos por atos de pensamento, introspecção, imaginação, reflexão e contemplação meditativa.

Bases sensíveis internas	*Bases sensíveis externas*	*Tipos de consciência que surgem das bases sensíveis*
olho	Formas	consciência visual
ouvido	Sons	consciência auditiva
nariz	Odores	consciência olfativa
língua	Sabores	consciência gustativa
corpo	objetos táteis	consciência corporal
mente	objetos mentais	consciência mental

Embora o esquema dos cinco agregados pareça ter sido promovido primeiramente para mostrar a base objetiva das noções enganosas de "meu", "eu" e "si-mesmo", as seis bases sensíveis têm uma conexão mais estreita com anseio. Esse ponto é enfatizado pela fórmula clássica para a originação dependente, dentro da qual encontramos a sequência: as seis bases sensíveis > contato > sensação > anseio. O encontro entre base sensível, objeto e consciência é chamado "contato" (*phassa*), e como mediam entre a consciência e seus objetos, as bases sensíveis internas são também chamadas as "bases para contato" (*phassāyatana*). Com o contato como condição surge aí a sensação (ver 3.4), e isso, por sua vez, condiciona o anseio.

Como o anseio é a origem do dukkha, e é nutrido pelas sensações que se originam do contato nas seis bases sensíveis, para eliminá-lo, devemos mudar nossa perspectiva sobre os objetos dos sentidos e as sensações que provocam. A tarefa de regular o anseio – e outras respostas nocivas à sensação – requer que controlemos nossas reações ao estímulo dos sentidos. Para facilitar isso, uma prática chamada "restrição dos sentidos" (*indriyasaṃvara*) é inserida no treinamento sequencial do discípulo, servindo como uma ponte entre o comportamento ético e a meditação formal. A prática é descrita por uma fórmula padrão que é expressa assim:

> Ao ver uma forma com o olho, o monge não apreende seus signos e características. Como estados nocivos maus de anseio e desânimo podem invadi-lo, caso deixe a faculdade da visão desprotegida, ele pratica sua restrição, protegendo a faculdade da visão, restringindo-a. Ao ouvir um som com o ouvido... Ao sentir um odor com o nariz... Ao provar um sabor com a língua... Ao tocar um objeto tátil com o corpo... Ao conhecer um objeto mental com a mente, não apreende seus signos e características. Como estados nocivos maus de anseio e desânimo podem invadi-lo, caso deixe a faculdade da mente desprotegida, ele pratica sua restrição, protegendo a faculdade da mente, restringindo-a[39].

Junto à moderação no comer e a devoção ao estado de vigília, considera-se que a restrição dos sentidos constitua o fundamento para a destruição dos influxos[40].

Na passagem citada acima, a injunção de não apreender os signos e características do objeto é especialmente crítica[41]. É quando apreendemos esses signos e características – os aspectos atrativos e repulsivos do objeto – que começamos a proliferar mentalmente o estímulo básico dos dados sensíveis de modos que provocam nossos desejos e, com isso, ligam-nos mais estritamente à rede de anseio e aversão. Em vez de responder instintivamente às sensações, apreciando sensações prazerosas e resistindo a sensações dolorosas, o Buda nos instrui a ver a sensação meramente como um estado condicionado que surge por meio de um processo complexo que envolve as bases sensíveis, a consciência e o contato.

Em algumas ocasiões, simplesmente discernir a origem condicionada da sensação basta para curto-circuitar a cascata inteira de eventos pelos quais a sensação subjuga a mente. Em vez de deixar a mente fluir em direção ao objeto, uma pessoa redireciona o feixe de atenção para o processo pelo qual a experiência é gerada, expondo sua natureza construída e a impermanência intrínseca de todos os fatores que entram no processo. Como 3.4 afirma, vendo como a sensação surge na base do contato sensível, "a pessoa se desencanta com a visão, com as formas, com a consciência visual, com o contato visual, com qualquer sensação que surja tendo como condição o contato visual".

A sensação pode ser prazerosa, dolorosa ou neutra – ou seja, nem dolorosa nem prazerosa. Cada uma dessas sensações está correlacionada a uma das três impurezas originais. A sensação prazerosa é a ativadora da luxúria, a dolorosa, do ódio; e a neutra, da ilusão. Contanto que luxúria, ódio e ilusão consumam a mente, o campo inteiro da experiência sensível, até às bases sensíveis interna e externa, arde com as chamas da luxúria, do ódio e da ilusão e com as chamas do nascimento, envelhecimento e morte. Esse é o tema do famoso "Sermão do fogo" (3.2), que começa com a proclamação surpreendente de que "tudo está queimando", queimando com as chamas das impurezas e do sofrimento de nascimento, envelhecimento e morte que se repetem.

---

39. A fórmula é encontrada, entre muitos outros lugares, em DN I 70, MN I 180-181, SN IV 104 e AN II 210.

40. AN 3:16 (em I 113-114).

41. *Na nimittaggāhī hoti nānubyañjanaggāhī.*

Enquanto os suttas sobre os cinco agregados enfatizam a ausência de um si-mesmo entre os agregados, e depois destacam a contemplação do não-si-mesmo, os suttas das seis bases sensíveis enfatizam a contemplação da impermanência. Certamente, essa é uma questão de ênfase, e ambas as contemplações se aplicam a ambos os conjuntos de fatores. Mas parece que a análise nos cinco agregados é destinada a expor a natureza composta da experiência e, com isso, inverter a visão de um si-mesmo, que é meramente uma das restrições inferiores eliminadas no primeiro estágio de realização, conhecido como entrada na corrente. Em contraste, o anseio, sendo a força impulsora do saṃsāra, é removido somente com o atingimento da condição de arahant, o estágio final de realização; assim, o ataque direto ao anseio marca um estágio superior do caminho.

O anseio surge e se desenvolve porque tomamos sensações agradáveis como permanentes e, assim, assumimos tacitamente que podemos continuar desfrutando-as para sempre. Contudo, quando vistos corretamente, todos os constituintes da experiência sensível terminam sendo efêmeros e impermanentes. As bases sensíveis internas, seus objetos, os tipos correspondentes de consciência e os contatos entre eles devem ser vistos como "impermanentes, mutáveis e em transformação" (3.7). O mesmo vale para a sensação, percepção e volição que surgem através do contato. Quando uma pessoa vê diretamente a impermanência das sensações, os contatos associados e as bases sensíveis, por meio das quais esses contatos se originam, a ignorância é abandonada e surge o conhecimento claro (3.3).

Cada uma das faculdades sensíveis é naturalmente atraída ao seu objeto correspondente. Normalmente, regozijamo-nos quando obtemos os objetos de desejo, mas ao fazermos isso nos preparamos para uma queda; pois, quando aqueles objetos cessam e perecem, nosso deleite evanesce e mergulhamos no desânimo e na angústia. O deleite em objetos dos sentidos obstrui o caminho para o nibbāna, o objetivo final da vida espiritual; eliminando o deleite, a pessoa vive feliz e atinge o nibbāna (3.8). Objetos dos sentidos agradáveis são comparados à isca de um pescador, e Māra, o Mal, é como um pescador. Os objetos dos sentidos são "seis anzóis para a infelicidade dos entes". Aqueles que se deleitam nesses objetos "morderam a isca de Māra" e passam ao seu controle, enquanto aqueles que não se deleitam neles escapam do seu controle (3.11).

A servidão criada pelos seis pares de bases sensíveis não se encontra nelas, mas no anseio que surge através de sua interação. O texto 3.12 nos diz que do mesmo modo, quando um boi de cor preta e um boi de cor branca são atrelados juntos por um único jugo, o que os liga um ao outro é o jugo. Assim, o olho não é a restrição das formas, nem essas a restrição do olho, mas o desejo-e-luxúria que surge na dependência deles é a restrição. O próprio Buda tem olhos e vê formas com eles, mas erradicou o anseio e é, com isso, livre na mente. Isso coloca a tarefa para o discípulo também. O propósito do treinamento é remover o anseio e, com isso, conquistar a libertação da mente.

Os seis sentidos são comparados a seis tipos de animais (3.15). Quando unidos e depois soltos, cada animal corre para seu habitat familiar. Do mesmo modo, sem o exercício de restrição e autocontrole, cada um dos sentidos instintivamente se voltará para seu respectivo objeto. Mas se os animais são amarrados a um poste ou pilar firme, ainda que puxem em diferentes direções, terminarão se cansando, acalmando-se e se aquietarão. Similarmente, quando os sentidos são amarrados a um pilar forte, eles também se acalmam e se aquietam. Esse pilar, diz o Buda, é a atenção plena do corpo.

1. PAHĀNASUTTA

Abandono (SN 35:24; IV 15-16)

"Ensinarei a vocês, monges, o dhamma para abandonar tudo. Ouçam isto. E o que, monges, é o dhamma para abandonar tudo? A visão deve ser abandonada, a consciência visual deve ser abandonada, o contato visual deve ser abandonado e qualquer sensação que surja tendo o contato visual como condição – seja prazerosa, ou dolorosa, ou nem dolorosa nem prazerosa – também deve ser abandonada.

"A audição deve ser abandonada... O olfato deve ser abandonado... O paladar deve ser abandonado, objetos mentais devem ser abandonados, a consciência mental deve ser abandonada, o contato mental deve ser abandonado, e qualquer sensação que surja tendo o contato visual como condição – seja prazerosa, ou dolorosa, ou nem dolorosa nem prazerosa – também deve ser abandonada. Esse é o dhamma para abandonar tudo."

2. ĀDITTASUTTA

Queimando (SN 35:28; IV 19-20)

Em uma ocasião, o Abençoado estava vivendo em Gayā, na nascente do Gayā, junto a mil monges[42]. Lá, o Abençoado se dirigiu aos monges: "Monges, tudo está queimando. E o que, monges, é o tudo que está queimando? O olho está queimando, as formas estão queimando, a consciência visual está queimando, o contato visual está queimando e qualquer sensação que surja tendo o contato visual como condição – seja prazerosa, ou dolorosa, ou nem dolorosa nem prazerosa – também está queimando.

"Queimando com o quê? 'Queimando com a chama da luxúria, com a chama do ódio, com a chama da ilusão; com o nascimento, o envelhecimento e a morte; com a tristeza, a lamentação, a dor, o desânimo e a infelicidade', eu digo...

---

42. O sutta também está em Vin I 34-35. Os mil monges, de acordo com essa descrição, eram ex-ascetas de cabelos emaranhados (*jaṭila*), que mantinham o fogo sagrado. Por isso, um discurso sobre o tema do "queimar" se adequava à sua disposição.

"A audição está queimando... O olfato está queimando... O paladar está queimando... O corpo está queimando... A mente está queimando, os objetos mentais estão queimando, a consciência mental está queimando e qualquer sensação que surja tendo o contato mental como condição – seja prazerosa, ou dolorosa, ou nem dolorosa nem prazerosa – também está queimando. Queimando com o quê? 'Queimando com a chama da luxúria, com a chama do ódio, com a chama da ilusão; com o nascimento, o envelhecimento e a morte; com a tristeza, a lamentação, a dor, o desânimo e a infelicidade', eu digo.

"Vendo assim, monges, o nobre discípulo cultivado se desencanta com as formas, com a consciência visual, com o contato visual, com qualquer sensação que surja tendo como condição o contato visual – seja prazerosa, ou dolorosa, ou nem dolorosa nem prazerosa... Ele se desencanta com a mente, com os objetos mentais, com a consciência mental, com o contato mental, com qualquer sensação que surja tendo como condição o contato mental – seja prazerosa, ou dolorosa, ou nem dolorosa nem prazerosa.

"Desencantado, torna-se imparcial. Através da imparcialidade ele está libertado. Em relação ao que está libertado, o conhecimento ocorre assim: 'Libertado'. Ele compreende: 'Terminado está o nascimento, a vida espiritual foi vivida, o que tinha de ser feito, nada mais há para esse estado de ser'."

Isso é o que o Abençoado disse. Exultantes, aqueles monges se alegraram com a declaração do Abençoado. E, enquanto esse discurso era proferido, pelo não apego, as mentes dos mil monges foram libertadas dos influxos.

3. AVIJJĀPAHĀNASUTTA

Abandonando a ignorância (SN 35:53; IV 30-31)

Então, um certo monge se aproximou do Abençoado, prestou-lhe homenagem e se sentou ao seu lado. Sentado ao seu lado, esse monge disse ao Abençoado: "Bhante, como alguém sabe, como alguém vê, de modo que a ignorância seja abandonada e surja o conhecimento claro?"

"Para alguém que conhece e vê o olho como impermanente, monge, a ignorância é abandonada e surge o conhecimento claro. Para alguém que conhece e vê formas como impermanentes, a ignorância é abandonada e surge o conhecimento claro. Para alguém que conhece e vê a consciência visual como impermanente, a ignorância é abandonada e surge o conhecimento claro. Para alguém que conhece e vê o contato visual como impermanente, a ignorância é abandonada e surge o conhecimento claro. Para alguém que conhece e vê como impermanente qualquer sensação que surja tendo como condição o contato visual – seja prazerosa, ou dolorosa, ou nem dolorosa nem prazerosa –, a ignorância é abandonada e surge o conhecimento claro...

"Para alguém que conhece e vê a mente como impermanente, a ignorância é abandonada e surge o conhecimento claro. Para alguém que conhece e vê objetos mentais como impermanentes, a ignorância é abandonada e surge o conhecimento claro. Para alguém que conhece e vê a consciência mental como impermanente, a ignorância é abandonada e surge o conhecimento claro. Para alguém que conhece e vê o contato mental como impermanente, a ignorância é abandonada e surge o conhecimento claro. Para alguém que conhece e vê como impermanente qualquer sensação que surge tendo o contato mental como condição – seja prazerosa, ou dolorosa, ou nem dolorosa nem prazerosa –, a ignorância é abandonada e surge o conhecimento claro. Para alguém que conhece e vê, portanto, a ignorância é abandonada e surge o conhecimento claro."

4. Sabbupādānapariññāsutta

Compreensão plena de todo apego (SN 35:60; IV 32-33)

"Ensinarei a vocês, monges, o dhamma para a compreensão plena de todo apego. Ouçam isto. E o que, monges, é o dhamma para a compreensão plena de todo apego? Na dependência da visão e das formas, surge a consciência visual. O encontro dos três é contato. Com o contato como condição, a sensação [devém]. Vendo assim, o nobre discípulo cultivado se desencanta com a visão, com as formas, com a consciência visual, com o contato visual, com a sensação. Desencantado, torna-se imparcial. Com a imparcialidade [a mente] é libertada. Com a emancipação, ele compreende: 'Compreendi plenamente o apego'...

"Na dependência da mente e dos objetos mentais, surge a consciência mental. O encontro dos três é contato. Com o contato como condição, a sensação [devém]. Vendo assim, o nobre discípulo cultivado se desencanta com a mente, com os objetos mentais, com a consciência mental, com o contato mental, com a sensação. Desencantado, torna-se imparcial. Com a imparcialidade, [a mente] é libertada. Com a emancipação, ele compreende: 'Compreendi plenamente o apego'. Isso, monges, é o dhamma para a compreensão plena de todo apego."

5. Upavāṇasutta

Upavāṇa (SN 35:70; IV 41-43)

[1. Quando a luxúria está presente]

Então, o Venerável Upavāṇa se aproximou do Abençoado... e lhe disse: "Bhante, disse-se: 'um dhamma diretamente visível, um dhamma diretamente visível'. De que modo, Bhante, o dhamma é diretamente visível, imediato, pedindo a alguém que venha e veja, aplicável, para ser pessoalmente compreendido pelo sábio?"

"Aqui, Upavāṇa, tendo visto uma forma com o olho, um monge a experiencia e experiencia a luxúria pela forma, e compreende a luxúria por formas que existem internamente assim: 'Existe, para mim, internamente, a luxúria por formas'. Como, Upavāṇa, tendo visto essa forma com o olho, o monge experiencia a forma e a luxúria pela forma, e compreende a luxúria por formas que existem internamente assim: 'Existe para mim internamente luxúria por formas', de modo que o dhamma é diretamente visível, imediato, pedindo a alguém para vir e ver, aplicável, para ser pessoalmente compreendido pelo sábio…

"Uma vez mais, Upavāṇa, tendo conhecido um objeto mental com a mente, um monge experiencia o objeto mental e a luxúria pelo objeto mental, e compreende a luxúria por objetos mentais que existem internamente assim: 'Existe, para mim, internamente, luxúria por objetos mentais'. Como, Upavāṇa, tendo conhecido esse objeto mental com a mente, um monge experiencia o objeto mental e a luxúria pelo objeto mental, e compreende a luxúria por objetos mentais que existem internamente assim: 'Existe, para mim, internamente, luxúria por objetos mentais', de modo que, também, o dhamma é diretamente visível, imediato, pedindo para alguém para vir e ver, aplicável, para ser pessoalmente compreendido pelo sábio..."

[2. Quando a luxúria está ausente]

"Mas, aqui, Upavāṇa, tendo visto uma forma com o olho, um monge experiencia a forma, mas não a luxúria pela forma, e compreende que não há luxúria por formas que existem internamente assim: 'Não existe, para mim, internamente, luxúria por formas'. Como, Upavāṇa, tendo visto essa forma com o olho, o monge experiencia a forma, mas não a luxúria pela forma, e compreende que não há luxúria por formas que existem internamente assim: 'Não existe, para mim, internamente, luxúria por formas', de modo que, também, o dhamma é diretamente visível, imediato, pedindo para alguém ir e ver, aplicável, para ser pessoalmente compreendido pelo sábio…

"Uma vez mais, Upavāṇa, tendo conhecido um objeto mental com a mente, um monge o experiencia, mas não a luxúria pelo objeto mental, e compreende que não há luxúria por objetos mentais que existem internamente assim: 'Não existe para mim internamente luxúria por objetos mentais'. Como, Upavāṇa, tendo reconhecido esse objeto mental com a mente, o monge experiencia o objeto mental, mas não a luxúria pelo objeto mental, e compreende que não há luxúria por objetos mentais que existem internamente assim: 'Não existe para mim internamente luxúria por objetos mentais', de modo que, também, o dhamma é diretamente visível, imediato, pedindo para alguém vir e ver, aplicável, para ser pessoalmente compreendido pelo sábio."

6. Suññalokasutta

Mundo vazio (SN 35:85; IV 54)

Então, o Venerável Ānanda se aproximou do Abençoado… e lhe disse: "É dito, Bhante: 'O mundo é vazio, o mundo é vazio'. De que modo, Bhante, é dito: 'O mundo é vazio'?"

"Ānanda, como é vazio de si-mesmo e do que pertence ao si-mesmo, é, portanto, dito: 'O mundo é vazio'. E o que, Ānanda, é vazio de si-mesmo e do que pertence ao si-mesmo? O olho é vazio de si-mesmo e do que pertence ao si-mesmo. Formas são vazias de si-mesmo e do que pertence ao si-mesmo. A consciência visual é vazia de si-mesmo e do que pertence ao si-mesmo. O contato visual é vazio de si-mesmo e do que pertence ao si-mesmo. Qualquer sensação que surja tendo o contato visual como condição – seja prazerosa, ou dolorosa, ou nem dolorosa nem prazerosa –, essa também é vazia de si-mesmo e do que pertence ao si-mesmo.

"O ouvido é vazio... O nariz é vazio... A língua é vazia... O corpo é vazio... A mente é vazia de si-mesmo e do que pertence ao si-mesmo. Objetos mentais são vazios de si-mesmo e do que pertence ao si-mesmo. A consciência mental é vazia de si-mesmo e do que pertence ao si-mesmo. O contato mental é vazio de si-mesmo e do que pertence ao si-mesmo. Qualquer sensação que surja tendo o contato mental como condição – seja prazerosa, ou dolorosa, ou nem dolorosa nem prazerosa –, essa também é vazia de si-mesmo e do que pertence ao si-mesmo. Ānanda, como é vazio de si-mesmo e do que pertence ao si-mesmo, é, portanto, dito: 'O mundo é vazio'."

7. DVAYASUTTA

Díades (SN 35:93; IV 67-69)

"A consciência, monges, passa a depender de uma díade. E como, monges, a consciência passa a depender de uma díade?

"Na dependência da visão e de formas, surge a consciência visual. A visão é impermanente, mutável, em transformação. Assim, essa díade está se movendo e titubeando, impermanente, mutável, em transformação.

"O contato visual é impermanente, mutável, em transformação. A causa e condição para o surgimento da consciência visual também é impermanente, mutável, em transformação. Quando a consciência visual surgiu na dependência de uma condição impermanente, como podia ser permanente?

"A reunião, o encontro, a concorrência dessas três coisas são chamados 'contato visual'. O 'contato visual' também é impermanente, em transformação. A causa e condição para o surgimento do contato visual também é impermanente, mutável, em transformação. Monges, quando o contato visual surgiu na dependência de uma condição que é impermanente, como podia ser permanente?

"Contatado, monges, alguém sente; contatado, alguém deseja; contatado, alguém percebe. Assim, essas coisas também estão se movendo e titubeando, impermanentes, mutáveis, em transformação...

"Na dependência da mente e de objetos mentais, surge a consciência mental. A mente é impermanente, mutável, em transformação... Contatado, alguém sente; contatado, alguém deseja; contatado, alguém percebe. Assim, essas coisas também estão se movendo e titubeando, impermanentes, mutáveis, em transformação. De tal modo, monges, a consciência passa a depender de uma díade."

8. SAKKAPAÑHASUTTA

Perguntas de Sakka (SN 35:118; IV 101-102)

[1. Por que entes não atingem o nibbāna]

Em uma ocasião, o Abençoado estava vivendo em Rājagaha, no Pico do Abutre. Então, Sakka, senhor dos devas[43], aproximou-se do Abençoado, prestou-lhe homenagem, colocou-se ao seu lado e lhe disse:

"Bhante, qual é a causa, a razão, de alguns entes aqui não atingirem o nibbāna nesta vida presente, enquanto outros atingem?"

"Senhor dos devas, há formas cognoscíveis pelo olho, que são ansiadas, desejadas, agradáveis, de uma natureza prazerosa, conectadas à sensualidade, tentadoras. Se um monge se deleita nelas, acolhe-as e se mantém apegado a elas, enquanto o faz, sua consciência se torna dependente e apegada a elas. Um monge com apego não atinge o nibbāna...

"Senhor dos devas, há objetos mentais cognoscíveis pela mente que são ansiados, desejados, agradáveis, de uma natureza prazerosa, conectados à sensualidade, tentadores. Se um monge se deleita neles, acolhe-os e se mantém apegado a eles, enquanto o faz, sua consciência se torna dependente e apegada a eles. Um monge com apego não atinge o nibbāna. Essa é a causa, a razão, de alguns entes aqui não atingirem o nibbāna nesta vida presente."

[2. Como os entes atingem o nibbāna]

"Senhor dos devas, há formas cognoscíveis pelo olho que são ansiadas, desejadas, agradáveis, de uma natureza prazerosa, conectadas à sensualidade, tentadoras. Se um monge não se deleita nelas, não as acolhe e não se mantém apegado a elas, enquanto o faz, sua consciência não se torna dependente nem apegada a elas. Um monge sem apego atinge o nibbāna.

"Senhor dos devas, há objetos mentais cognoscíveis pela mente que são ansiados, desejados, agradáveis, de uma natureza prazerosa, conectados à sensualidade, tentadores. Se um monge não se deleita neles, não os acolhe e não se mantém apegado a eles, enquanto o faz, sua consciência não se torna dependente nem apegada a eles... Um monge sem apego atinge o nibbāna. Essa é a causa, a razão, de alguns entes aqui atingirem o nibbāna nesta vida presente."

9. RŪPĀRĀMASUTTA

Deleite em formas (SN 35:136; IV 126-128)

"Monges, devas e humanos se deleitam em formas, são deleitados com formas, regozijam-se em formas. Com a mudança, o evanescimento e a cessação das formas, devas e humanos vivem penosamente. Devas e humanos se deleitam em sons... em odores... em

43. Sakka é o governante dos devas no céu Tāvatiṃsa.

sabores… em objetos táteis… em objetos mentais, são deleitados com objetos mentais, regozijam-se em objetos mentais. Com a mudança, o evanescimento e a cessação das formas, devas e humanos vivem penosamente.

"Mas, monges, o Tathāgata, o arahant, o perfeitamente iluminado, tendo conhecido como realmente são a origem e o fenecimento, a alegria, o perigo e a fuga no caso das formas, não se deleita em formas, não é deleitado com formas, não se regozija nas formas. Com a mudança, o evanescimento e a cessação das formas, o Tathāgata vive feliz. Tendo conhecido como realmente são a origem e o fenecimento, a alegria, o perigo e a fuga no caso dos sons… dos odores… dos sabores… dos objetos táteis… dos objetos mentais, o Tathāgata não se deleita em objetos mentais, não é deleitado com objetos mentais, não se regozija em objetos mentais. Com a mudança, o evanescimento e a cessação das formas, o Tathāgata vive feliz."

Isso é o que o Abençoado disse. Tendo dito isso, o Afortunado, o Instrutor, disse ainda:

Formas, sons, odores, sabores,
objetos táteis e todos os objetos mentais –
são desejáveis, bonitos e agradáveis
contanto que continuem a existir.
Esses são considerados felicidade
pelo mundo com seus devas;
mas quando cessam,
são considerados sofrimento.
Os nobres viram como felicidade
a cessação do conjunto pessoal.
Essa [visão] daqueles que veem claramente
vai contra o mundo inteiro.
O que outros consideram felicidade,
os nobres dizem ser sofrimento;
o que outros consideram sofrimento;
os nobres conhecem como felicidade.
Contemple este dhamma difícil de compreender:
aqui, os tolos ficam perplexos.
Para aqueles com mentes bloqueadas, ele é obscuro,
escuridão completa para aqueles que não veem.
Mas, para os bons, é desvelado;
aqui, é a luz para aqueles que veem.
Os tolos não qualificados no dhamma
não o compreendem em sua presença.
Esse dhamma não é facilmente compreendido

por aqueles afligidos com luxúria pela existência,
que correm ao longo da corrente da existência,
profundamente atolados no domínio de Māra.
Quem mais, exceto os nobres,
são capazes de compreender esse estado?
Quando conheceram corretamente esse estado,
os imaculados ficaram plenamente satisfeitos.

10. SAMUDDASUTTA

O oceano (SN 35:228 [187]; IV 157)

"'O oceano, o oceano', monges, diz a pessoa mundana não cultivada. Isso, monges, não é o oceano na disciplina do nobre. É uma grande massa de água, uma grande torrente de água.

"O olho, monges, é o oceano de uma pessoa, com seu curso consistindo de formas. Aquele que experiencia curso que consiste de formas é chamado '[aquele que] cruzou o oceano do olho com suas ondas, redemoinhos, tubarões, demônios'. Tendo cruzado, ido além, o brâmane se encontra em uma posição superior…

"A mente, monges, é o oceano de uma pessoa, com seu curso consistindo de objetos mentais. Aquele que experiencia esse curso que consiste de objetos mentais é chamado '[aquele que] cruzou o oceano da mente com suas ondas, redemoinhos, tubarões, demônios'. Tendo cruzado, ido além, o brâmane se encontra em uma posição superior."

Isso é o que o Abençoado disse. Tendo dito isso, o Afortunado, o Instrutor, disse ainda:

Aquele que fez a travessia tão difícil desse oceano,
com seus perigos de tubarões, demônios e ondas,
o mestre do conhecimento que viveu a vida espiritual,
chegou ao fim do mundo, é chamado "aquele que foi além".

11. BĀLISIKOPAMASUTTA

Símile do pescador (SN 35:230 [189]; IV 158-159)

"Suponham, monges, que um pescador tenha jogado um anzol com isca em um lago de águas profundas. Um certo peixe com um faro para iscas o engoliria. Assim, o peixe que engoliu o anzol do pescador incorreu na infelicidade, no desastre, o pescador pode fazer com ele o que desejar.

"Do mesmo modo, monges, esses seis anzóis no mundo são para a infelicidade dos entes, para o prejuízo dos entes vivos. Quais seis? Monges, há formas cognoscíveis pelo olho… sons cognoscíveis pelo ouvido… odores cognoscíveis pelo nariz…

sabores cognoscíveis pela língua… objetos táteis cognoscíveis pelo corpo… objetos mentais cognoscíveis pela mente que são ansiados, desejados, agradáveis, de uma natureza prazerosa, conectados à sensualidade, tentadores.

"Se um monge se deleita neles, acolhe-os e se mantém apegado a eles, é chamado 'um monge que engoliu a isca de Māra', que incorreu em infelicidade, em desastre, a quem o Mal pode fazer o que desejar.

"Monges, há formas cognoscíveis pelo olho… objetos mentais cognoscíveis pela mente que são ansiados, desejados, agradáveis, de uma natureza prazerosa, conectados à sensualidade, tentadores. Se um monge não se deleita neles, não os acolhe e não se mantém apegado a eles, é chamado 'um monge que não engoliu a isca de Māra, que quebrou o anzol, que o destruiu', que não incorreu em infelicidade, em desastre, com quem o Mal não pode fazer o que desejar."

12. KOṬṬHIKASUTTA

Koṭṭhika (SN 35:232 [191]; IV 162-165)

Em uma ocasião, o Venerável Sāriputta e o Venerável Mahākoṭṭhika estavam vivendo em Bārāṇasī em Isipatana, no parque dos cervos. Então, à noite, o Venerável Mahākoṭṭhita emergiu da reclusão, aproximou-se do Venerável Sāriputta, e eles trocaram cumprimentos. Quando concluíram seus cumprimentos e sua conversa cordial, ele se sentou ao seu lado e disse ao Venerável Sāriputta: "Como é isso, amigo Sāriputta, o olho é a restrição das formas ou essas são a restrição do olho? O ouvido é a restrição dos sons ou esses são a restrição do ouvido? O nariz é a restrição dos odores ou esses são a restrição do nariz? A língua é a restrição dos sabores ou esses são a restrição da língua? O corpo é a restrição dos objetos táteis ou esses são a restrição do corpo? A mente é a restrição dos objetos mentais ou esses são a restrição da mente?"

"Amigo Koṭṭhita, o olho não é a restrição das formas nem essas a restrição do olho, mas o desejo-e-luxúria que surge aí na dependência de ambos: essa é a restrição aí… A mente não é a restrição dos objetos mentais nem esses a restrição da mente, mas o desejo-e-luxúria que surge aí na dependência de ambos: esse é a restrição aí.

"Suponha, amigo, que um boi de cor preta e um boi de cor branca tenham sido atrelados um ao outro por um único arreio ou jugo. Se alguém dissesse: 'O boi de cor preta é a restrição do boi de cor branca; o segundo é a restrição do primeiro', alguém falando assim fala corretamente?"

"Na verdade, não, amigo. O boi de cor preta, amigo, não é a restrição do boi de cor branca, nem o segundo o é do primeiro, mas, em vez disso, o único arreio ou jugo pelo qual os dois estão atrelados um ao outro: essa é a restrição aí."

"Do mesmo modo, amigo, o olho não é a restrição das formas nem essas a restrição daquele, mas o desejo-e-luxúria que surge aqui na dependência de ambos: essa é a restrição aí… A mente não é a restrição dos objetos mentais nem esses são a restrição da mente, mas o desejo-e-luxúria que surge aqui na dependência de ambos: essa é a restrição aí.

"Amigo, se o olho fosse a restrição das formas ou se essas fossem a restrição daquele, esse viver da vida espiritual não seria discernido da destruição completa do sofrimento. Mas, como o olho não é a restrição das formas nem essas a restrição daquele – mas o desejo-e-luxúria que surge aí na dependência de ambos é a restrição aí –, o viver da vida espiritual é discernido para a destruição completa do sofrimento...

"Se a mente fosse a restrição dos objetos mentais ou se esses fossem a restrição daquela, esse viver da vida espiritual não seria discernido para a destruição completa do sofrimento. Mas, como a mente não é a restrição dos objetos mentais, nem esses são a restrição daquela – mas o desejo-e-luxúria que surge aí na dependência de ambos é a restrição aí –, o viver da vida espiritual é discernido para a destruição completa do sofrimento.

"Desse modo também, amigo, pode ser compreendido como o olho não é a restrição das formas nem essas a restrição daquele, mas o desejo-e-luxúria que surge aí na dependência de ambos: essa é a restrição aí... como a mente não é a restrição dos objetos mentais nem esses a restrição daquela, mas o desejo-e-luxúria que surge aí na dependência de ambos: essa é a restrição aí.

"Amigo, no Abençoado existe o olho, com o qual vê uma forma, mas para ele não há desejo-e-luxúria; ele tem a mente muito libertada. No Abençoado existe o ouvido, com o qual ouve o som, mas para ele não há desejo-e-luxúria; ele tem a mente muito libertada. No Abençoado existe a língua, com a qual experiencia um sabor, mas para ele não há desejo-e-luxúria; ele tem a mente muito libertada. No Abençoado existe o corpo, com o qual sente um objeto tátil, mas para ele não há desejo-e-luxúria; ele tem a mente muito libertada. No Abençoado existe a mente, com a qual conhece um objeto mental, mas para ele não há desejo-e-luxúria; ele tem a mente muito libertada.

"Desse modo, amigo, pode ser compreendido que o olho não é a restrição das formas nem essas a restrição daquele, mas desejo-e-luxúria que surge aí na dependência de ambos: essa é a restrição aí... que a mente não é a restrição dos objetos mentais nem esses a restrição daquela, mas o desejo-e-luxúria que surge aí na dependência de ambos: essa é a restrição aí."

13. DĀRUKKHANDHOPAMASUTTA

Símile do tronco (SN 35:241 [200]; IV 179-181)

Em uma ocasião, o Abençoado estava vivendo em Kosambī na margem do Rio Ganges. O Abençoado viu um grande tronco sendo carregado pela corrente do rio e se dirigiu aos monges: "Vocês veem, monges, esse grande tronco sendo carregado pela corrente do Rio Ganges?" – "Sim, Bhante".

"Monges, se esse tronco não se aproxima da margem próxima nem da margem distante, não afunda no meio; se não é lançado para terreno elevado; se humanos e não humanos não o apreendem, se o redemoinho não o apreende, se não apodrece internamente, em um caso assim, esse tronco se dirige ao oceano, volta-se para o oceano, inclina-se para o oceano. Por qual razão? Porque a corrente do Rio Ganges se dirige ao oceano, volta-se para o oceano, inclina-se para o oceano.

"Do mesmo modo, monges, se vocês também não se aproximam da margem próxima nem da distante, não afundam no meio; se não são lançados para terreno elevado; se humanos e não humanos não apreendem vocês, se o redemoinho não apreende vocês, se vocês não apodrecem internamente, em um caso assim, vocês se dirigirão ao nibbāna, voltar-se-ão para o nibbāna, inclinar-se-ão para o nibbāna. Por qual razão? Porque, monges, a visão correta se dirige ao nibbāna, volta-se para o nibbāna, inclina-se para o nibbāna."

Quando isso foi dito, um certo monge disse ao Abençoado: "Bhante, o que é a margem próxima, o que é a margem distante, o que é afundar no meio, o que é ser lançado para o terreno elevado, o que é ser apreendido por humanos e não humanos, o que é ser apreendido por um redemoinho, o que é a podridão interna?"

"'A margem próxima', monge: essa é uma designação para as seis bases sensíveis internas. 'A margem distante': essa é uma designação para as seis bases sensíveis externas. 'Afundar no meio': essa é uma designação para o deleite e luxúria. 'Ser lançado para terreno elevado': essa é uma designação para a presunção do 'eu sou'.

"E o que é, monge, a apreensão humana? Aqui, um monge faz laços com leigos, alegrando-se juntos, entristecendo-se juntos, ficando feliz quando estão felizes, infelizes quando estão infelizes; quando deveres e tarefas surgem [para os leigos], ele se empenha nelas. Essa é a chamada 'apreensão humana'.

"E o que, monge, é a apreensão não humana? Aqui, alguém vive a vida espiritual com um desejo de [renascer em] uma certa companhia de devas: 'Com esse bom comportamento, observância, austeridade ou vida espiritual, tornar-me-ei um deva ou uma certa pessoa entre os devas'. Essa é a chamada 'apreensão não humana'. 'A apreensão do redemoinho': essa é a designação dos cinco objetos do prazer sensual.

"E o que é, monges, a podridão interna? Aqui, alguém tem um comportamento ruim, é de uma natureza ruim, de um comportamento suspeito impuro, ocultando sua ação, não um asceta, mas alegando sê-lo, não celibatário, mas alegando sê-lo, internamente podre, corrupto, lixo. Isso é chamado 'podridão interna'."

Ora, nessa ocasião, o vaqueiro Nanda estava de pé próximo ao Abençoado, quando lhe disse isto: "Bhante, não me aproximo da margem próxima nem da distante, não afundarei no meio. Não serei lançado para terreno elevado; nem humanos nem não humanos me apreenderão. Não apodrecerei internamente. Bhante, eu obteria o avanço na presença do Abençoado; obteria ordenação".

"Nesse caso, Nanda, devolva as vacas aos donos."

"As vacas irão, Bhante, ansiando por seus bezerros."

"Devolva as vacas aos donos, Nanda."

Então, o vaqueiro Nanda devolveu as vacas aos donos, aproximou-se do Abençoado e disse isto: "Bhante, as vacas foram devolvidas aos donos. Eu obteria o avanço na presença do Abençoado; obteria ordenação".

O vaqueiro Nanda obteve o avanço na presença do Abençoado; ele obteve ordenação. E, não muito tempo depois, foi ordenado; vivendo sozinho, retirado, cuidadoso, ardente e resoluto, o Venerável Nanda, em pouco tempo, ao se aperceber com conhecimento direto, nessa vida presente, entrou e habitou nesse incomparável objetivo da vida espiritual em função do qual jovens corretamente saem da vida familiar para viverem sem-teto. Ele sabia diretamente: "Terminado é o nascimento, a vida espiritual foi vivida, o que tinha de ser feito foi feito, nada mais há para esse estado de ser". E o Venerável Nanda se tornou um dos arahants.

14. VĪṆOPAMASUTTA

Símile do alaúde (SN 35:246 [205]; IV 195-198)

"Monges, se, em qualquer monge ou monja, desejo, luxúria, ódio, ilusão ou aversão da mente surgissem em relação a formas cognoscíveis pelo olho, deveriam afastá-la deles assim: 'Esse caminho é temeroso, perigoso, repleto de espinhos, coberto pela selva, anômalo, mau, uma via assolada pela escassez. Esse é um caminho seguido pelas pessoas inferiores; não aquele seguido pelas pessoas superiores. Isso não é para você'. Dessa forma, a mente deveria ser afastada desses estados relacionados a formas cognoscíveis pelo olho. Do mesmo modo com relação a sons cognoscíveis pelo ouvido… com relação a objetos mentais cognoscíveis pela mente.

"Suponham, monges, que a cevada amadureceu e o guarda é negligente. Se um touro entrar no campo de cevada, poderá se satisfazer o quanto quiser. Do mesmo modo, a pessoa mundana não instruída que não exercer restrição sobre as seis bases para contato se satisfaz o quanto quer nas cinco linhas do prazer sensual. Mas suponham que a cevada amadureceu e o guarda está vigilante. Se um touro entrar no campo de cevada, o guarda agarra-o firmemente pelo focinho, segura com firmeza os cachos entre seus chifres, e, restringindo-o, dá-lhe uma boa pancada com seu bastão. Depois, afasta o touro. Isso poderia acontecer uma segunda e uma terceira vez. Mas o touro terminaria se lembrando da pancada, não entraria mais no campo de cevada novamente. Do mesmo modo, quando a mente de um monge foi subjugada, bem subjugada, em relação às seis bases para contato, torna-se internamente estável, calma, unificada e concentrada.

"Suponham, monges, que um rei ou o ministro-chefe de um rei jamais tenha ouvido antes o som de um alaúde. Ele ouviria seu som e diria assim: 'Ei, do que é esse som, que é tão atrativo, adorável, inebriante, encantador, cativante?'

"Eles lhe diriam: 'Isso, senhor, é o que se chama alaúde, cujo som é tão atrativo, adorável, inebriante, encantador, cativante'. Ele diria assim: 'Vão, homens, tragam-me esse alaúde'. Eles o trariam a ele.

"Eles lhe diriam: 'Isso, senhor, é aquele alaúde cujo som é tão atrativo, adorável, inebriante, encantador, cativante'. Ele diria: 'Basta desse alaúde para mim, homens. Tragam-me o próprio som'.

"Eles lhe diriam: 'Esse alaúde, senhor, é feito de numerosos componentes, de um grande número de componentes. Quando tocado com esses inúmeros componentes, faz música – ou seja, dependendo da barriga, pergaminho, braço, apoio, cordas, plectro e do esforço apropriado da pessoa. Assim, senhor, esse alaúde é feito de numerosos componentes, de um grande número de componentes. Quando tocado com esses inúmeros componentes, faz música'.

"Ele dividiu o alaúde em dez ou cem pedaços. Depois, reduziu-os a lascas. Depois, queimou-os e os reduziu a cinzas. Depois, jogou-as em um forte vento ou fez com que fossem carregadas por um rio com um curso rápido. Então disse: 'Não existente, de fato, homens, é essa coisa chamada alaúde, bem como qualquer outra coisa chamada um alaúde. A multidão é extremamente negligente e confusa quanto a isso!'

"Do mesmo modo, monges, um monge investiga a forma na medida em que há a esfera da forma; investiga a sensação na medida em que há a esfera da sensação; investiga a percepção na medida em que há a esfera da percepção; investiga as atividades volicionais na medida em que há a esfera das atividades volicionais; investiga a consciência na medida em que há a esfera da consciência. Enquanto está investigando, essas [noções de] 'eu' ou 'meu' ou 'eu sou', que lhe ocorriam antes, não lhe ocorrem mais."

15. Chappāṇakopamasutta

Símile dos seis animais (SN 35:247 [206]; IV 198-200)

[1. Não restrição]

"Suponham, monges, que um homem com membros feridos e purulentos entrasse em um bosque de juncos pontudos. Os espinhos kusa fincariam seus pés e as lâminas dos juncos arranhariam seus membros. Assim, por essa razão, o homem experienciaria dor e desânimo a uma extensão ainda maior.

"Do mesmo modo, monges, algum monge aqui, tendo ido à aldeia ou à floresta, encontraria alguém que o reprova assim: 'Este monge, agindo assim, comportando-se assim, é um espinho impuro da aldeia'. Tendo-o conhecido assim como 'um espinho', alguém poderia compreender o significado de restrição e não restrição.

"E como, monges, ocorre a não restrição? Aqui, tendo visto a forma com o olho, um monge está inclinado a uma forma agradável e incomodado por uma forma desagradável. Ele vive sem ter estabelecido a atenção plena do corpo, com uma mente limitada, e não compreende como realmente é essa libertação da mente, a libertação pela sabedoria, onde aquelas suas qualidades nocivas más cessam sem resíduo.

"Tendo conhecido um som com o ouvido… um odor com o nariz… um sabor com a língua… um objeto tátil com o corpo… um objeto mental com a mente, um monge está inclinado a um objeto mental agradável e incomodado por um objeto mental desagradável. Ele vive sem ter estabelecido a atenção plena do corpo, com uma mente limitada, e não compreende como realmente é essa libertação da mente, a libertação pela sabedoria, onde aquelas suas qualidades nocivas más cessam sem resíduo.

"Suponham, monges, que um homem capturasse seis animais que tivessem diferentes domínios e diferentes bases alimentares, e os amarrasse com uma corda forte. Tendo capturado uma cobra, ele a amarraria com uma corda forte. Tendo capturado um crocodilo, ele o amarraria com uma corda forte. Tendo capturado um pássaro, ele o amarraria com uma corda forte. Tendo capturado um cão, ele o amarraria com uma corda forte. Tendo capturado um chacal, ele o amarraria com uma corda forte. Tendo capturado um macaco, ele o amarraria com uma corda forte. Tendo-os unido com uma corda forte, daria um nó no meio e relaxaria.

"Então, cada um daqueles seis animais, que tinham diferentes domínios e diferentes bases alimentares, puxaria para sua própria base alimentar e domínio. A cobra puxaria, pensando: 'Vou entrar em um formigueiro'; 'o pássaro puxaria, pensando: 'Vou voar para o céu'; o cão puxaria, pensando: ''Vou entrar em uma aldeia'; o chacal puxaria, pensando: 'vou entrar em um campo de cadáveres'; o macaco puxaria, pensando: 'Vou entrar no bosque'.

"Quando aqueles seis animais tivessem ficado fracos e fatigados, seguiriam o animal mais forte entre eles; submeter-se-iam a ele e ficariam sob seu controle.

"Do mesmo modo, monges, quando para algum monge a atenção plena dirigida ao corpo é não desenvolvida e não cultivada, o olho o puxa para formas agradáveis e formas desagradáveis são repulsivas; o ouvido o puxa para sons agradáveis e sons desagradáveis são repulsivos; o nariz o puxa para odores agradáveis e odores desagradáveis são repulsivos; a língua o puxa para sabores agradáveis e sabores desagradáveis são repulsivos; o corpo o puxa para objetos táteis agradáveis e objetos táteis desagradáveis são repulsivos; a mente o puxa para objetos mentais agradáveis e objetos mentais desagradáveis são repulsivos. Assim ocorre a não restrição."

[2. Restrição]

"E como, monges, ocorre a restrição? Aqui, monges, tendo visto uma forma com o olho, um monge não está inclinado a uma forma prazerosa e não é incomodado por uma forma desprazerosa. Ele vive com atenção plena o corpo estabelecido, com uma mente desmedida e compreende como realmente é essa libertação da mente, libertação pela sabedoria, onde aquelas suas qualidades nocivas más cessam sem resíduo.

"Tendo conhecido um som com o ouvido... um odor com o nariz... um sabor com a língua... um objeto tátil com o corpo... um objeto mental com a mente, um monge não está inclinado a um objeto mental prazeroso e não é incomodado por um objeto mental desprazeroso. Ele vive com atenção plena do corpo estabelecido, com a mente desmedida, e compreende como realmente é essa libertação da mente, libertação pela sabedoria, onde aquelas suas qualidades nocivas más cessam sem resíduo.

"Suponham, monges, que um homem capturasse seis animais que tivessem diferentes domínios e diferentes bases alimentares, e os amarrasse com uma corda forte. Tendo capturado uma cobra, ele a amarraria com uma corda forte... Tendo capturado um macaco, ele o amarraria com uma corda forte. Tendo-os unido com uma corda forte, ele a amarraria a um poste ou pilar forte. Então, cada um daqueles seis animais que tinham diferentes domínios e diferentes bases alimentares puxaria para sua própria base alimentar e domínio. A cobra puxaria, [pensando]: 'Vou entrar em um formigueiro'... o macaco puxaria, [pensando]: 'Vou entrar no bosque'.

"Quando aqueles seis animais se enfraquecessem e fatigassem, ficariam próximos a esse mesmo poste ou pilar, sentados próximos a ele, deitados próximos a ele.

"Do mesmo modo, monges, quando para algum monge a atenção plena dirigida ao corpo é desenvolvida e cultivada, o olho não o puxa para formas agradáveis e formas desagradáveis não são repulsivas; o ouvido não o puxa para sons agradáveis e sons desagradáveis não são repulsivos; o nariz não o puxa para odores agradáveis e odores desagradáveis não são repulsivos; a língua não o puxa para sabores agradáveis e sabores desagradáveis não são repulsivos; o corpo não o puxa para objetos táteis agradáveis e objetos táteis desagradáveis não são repulsivos; a mente não o puxa para objetos mentais agradáveis e objetos mentais desagradáveis não são repulsivos. Assim ocorre a restrição.

"'Um poste ou pilar forte', monges: essa é uma designação para a atenção plena dirigida ao corpo. Portanto, monges, vocês devem treinar assim: 'Desenvolveremos e cultivaremos a atenção plena dirigida ao corpo, faremos dela um veículo, uma base, estabilizada, repetida e bem executada'. Assim, na verdade, monges, vocês devem treinar."

4
Originação dependente
A originação e cessação do sofrimento

Introdução

O ensinamento da originação dependente oferece uma perspectiva mais detalhada da dinâmica causal que mantém o saṃsāra, o ciclo de nascimentos. O termo páli *paṭiccasamuppāda* é um composto de *paṭicca*, o absolutivo de *pacceti*, "voltar para, recorrer a, basear-se em", e o substantivo *samuppāda*, "originação". A tradução comum de *paṭiccasamuppāda* como "cossurgimento interdependente" (e suas variantes) é, estritamente falando, imprecisa. Embora certos pares de fatores na fórmula possam ser mutuamente dependentes, a palavra *paṭicca* não implica mutualidade, mas a dependência de um fator em relação a outro. Uma vez mais, *samuppāda* não significa surgimento simultâneo. Embora certos fatores possam surgir simultaneamente (por exemplo, contato e sensação), outros, como sensação e anseio, podem ser separados por uma lacuna temporal, e outros, como nascimento e envelhecimento-e--morte[44], são necessariamente separados por uma lacuna temporal.

A fórmula para originação dependente é fundada em um "princípio estrutural" abstrato, estipulando a lei geral de que as coisas surgem através de condições. Como declarado em 4.6, 4.7 e 4.10, o princípio é formulado assim: "Quando isso existe, aquilo devém; com surgimento disso, aquilo surge. Quando isso não existe, aquilo não devém; com a cessação disso, aquilo cessa"[45]. Nos suttas, esse princípio é aplicado de várias formas, mas a principal aplicação é em uma sequência de doze fatores, cada um deles surgindo na dependência de seu predecessor e cessando com a cessação desse. O ensinamento pode, portanto, ser visto como uma versão expandida da

---

44. Aqui, e ao longo deste livro, reproduzirei o estilo do páli, traduzirei *jarāmaraṇaṃ* (uma cópula composta do tipo singular) como um singular hifenizado.

45. *Imasmiṃ sati idaṃ hoti, imass'uppādā idaṃ uppajjati; imasmiṃ asati idaṃ na hoti, imassa nirodhā idaṃ nirujjhati.*

segunda e terceira nobres verdades, mostrando detalhadamente a cadeia de condições responsáveis pela originação e cessação do dukkha[46].

O diagnóstico do dukkha oferecido por essa fórmula examina mais profundamente o problema das origens do que a declaração padrão da segunda nobre verdade, pois revela, encontrando-se na própria base da existência repetida, uma condição mais fundamental do que o anseio. Essa condição mais fundamental é *avijjā*, ignorância. Embora definida estritamente nos suttas como "sem conhecimento do sofrimento, sua origem, sua cessação e o caminho", a ignorância representa mais amplamente a falta de consciência de todos os princípios que iluminam a verdadeira natureza dos fenômenos. Esses incluem não apenas as quatro verdades, mas as três características e a própria originação dependente. A ignorâncias sustenta o ciclo do dukkha, e quando ela chega ao fim, a rede inteira de condições também termina, culminando na "cessação dessa massa inteira de sofrimento".

Os fatores individuais que constituem a fórmula de originação dependente são formalmente definidos em 4.1, mas os suttas nos deixam apenas com essas definições, sem demonstrar precisamente como os fatores se mantêm unidos como um todo integral. Essa ambiguidade levou à emergência de interpretações diferentes, por vezes concorrentes, da fórmula. Contudo, praticamente, todas as escolas budistas indianas antigas concordam que a fórmula mostra a sequência de fatores causais que sustentam o ciclo de renascimentos como estendida sobre uma série de vidas. Alguns intérpretes modernos questionaram essa interpretação, sustentando que a sequência inteira de doze fatores pertence a uma única vida. A Vibhaṅga (do Abhidhamma Piṭaka) possui uma seção mostrando como a originação dependente opera no nível dos momentos mentais individuais, mas para adequar seu propósito essa versão altera as definições de alguns fatores, especialmente, "existência", "nascimento", "envelhecimento" e "morte"[47]. Além dessa aplicação especial, parece claro o bastante que, como originalmente intencionado, os doze termos da fórmula estão espalhados sobre vidas múltiplas.

A explicação tradicional, formulada de maneira simples e concisa, declara o seguinte: Devido à *ignorância* fundamental, uma pessoa se envolve em várias *atividades volicionais* – ações corporais, verbais ou puramente mentais salutares e nocivas – que geram kamma com o potencial para produzir uma nova existência. Essas atividades cármicas, na morte, propelem a *consciência* a uma nova existência. A nova existência começa quando a consciência chega a uma nova incorporação, produzindo um novo conjunto de fenômenos corporais e mentais, que são coletivamente designados *nome-e-forma*[48]. Quando nome-e-forma amadurecem, as *seis bases sensíveis* tomam

---

46. De fato, AN 3:61 (em I 177) explica expressamente a segunda e a terceira nobres verdades com a fórmula para a originação dependente respectivamente nas ordens de surgimento e cessação.

47. Ver, por exemplo, as definições desses termos em Vibh 145 (§ 249).

48. Essa composição é muitas vezes traduzida como "mentalidade-materialidade", que pode ser doutrinalmente mais acurada, mas para conectar a expressão com seu uso antigo no pensamento indiano, traduzo-a literalmente como "nome-e-forma". Para a filosofia védica, *nāmarūpa* é a manifestação da realidade unitária, *brâmane*, no modo da multiplicidade, apreendida pelos sentidos como aparências ou formas diversificadas, e pelo pensamento como nomes ou conceitos diversificados. O Buddha adotou essa expressão e a revestiu com um significado consoante ao seu sistema, onde representa os lados físico e cognitivo da existência senciente.

forma e começam a funcionar. Quando as bases sensíveis encontram seus objetos correspondentes, ocorre o *contato*. O contato dá origem à *sensação* através das seis bases – sensações prazerosas, dolorosas e neutras, que incitam respostas correspondentes. Em uma pessoa treinada, a sensação suscita o *anseio*, um desejo de obter objetos prazerosos e evitar situações que provocam dor. Quando a pessoa obtém os objetos de desejo, aprecia-os e se apega fortemente a eles; isso é *apego*, uma intensificação do anseio, que pode também encontrar expressão em visões que justificam o anseio da pessoa por mais prazer e existência continuada. Com o apego, a pessoa se envolve em um novo ciclo de atividades volicionais que criam o potencial para uma nova *existência* – uma existência que pode ocorrer em qualquer um dos três domínios reconhecidos pela cosmologia budista: o domínio do desejo, o domínio da forma sutil e o domínio da ausência de forma. Essa nova existência começa com o *nascimento*, e, quando o nascimento ocorre, segue-se o *envelhecimento-e-morte* e todas as outras manifestações do dukkha encontradas ao longo da existência.

Por vezes, a tríplice interpretação da originação dependente foi denunciada como uma invenção de comentadores, com base no fato de que os próprios suttas não dividiam os termos em diferentes existências. Contudo, embora seja verdadeiro que não encontramos nos suttas uma distribuição explícita dos fatores nas três vidas, um exame atento das variantes na fórmula padrão confere um forte apoio à interpretação das três vidas[49]. Um exemplo é SN 12:19 (em II 23-25), onde é dito que tanto o tolo quanto o sábio adquiriram um corpo pela ignorância e anseio do passado. O tolo não elimina a ignorância e o anseio e, assim, seguindo a decomposição do corpo presente, o tolo se move para uma nova existência incorporada, uma vez mais sujeito ao nascimento, envelhecimento e morte. O sábio elimina a ignorância presente e o anseio e é, assim, libertado de qualquer existência incorporada futura, não mais ligado ao nascimento, envelhecimento e morte. Essa declaração atribui claramente certos fatores ao passado, seus resultados ao presente e os resultados da atividade presente ao futuro.

A fórmula de doze fatores nunca foi concebida para ser exclusivamente linear, mas para servir como uma representação simplificada de um processo complexo que envolve linhas sobrepostas e entrecruzadas de condicionalidade. A extração de doze condições e sua configuração na sequência familiar poderia ser considerada um mecanismo explicativo concebido para mostrar a dinâmica causal subjacente ao ciclo de renascimentos. Para comunicar uma compreensão mais clara das relações entre os doze fatores, a tradição de comentadores explica que os fatores podem ser atribuídos a quatro grupos, cada um com cinco fatores[50].

---

49. A interpretação das três vidas da originação dependente, deve ser enfatizado, de modo algum era peculiar à escola Theravāda, mas era compartilhada, com diferenças menores em detalhes, pelas [outras escolas do budismo antigo que deixou registros de seus sistemas doutrinais.

50. Sobre esse modo de tratamento, ver Vism 579-581 (Ñāṇamoli 2010, 601-603); Bodhi 1993, 299-300. O método de explicação se origina com Paṭisambhidāmagga, um trabalho exegético incluído no Sutta Piṭaka. É citado na passagem acima de Vism.

(1) Quando a ignorância e as atividades volicionais estavam presentes na vida passada, o anseio, o apego e a fase carmicamente ativa da existência também estavam presentes. Esses cinco constituem *o grupo causal da existência passada.*

(2) Essas cinco causas "propulsivas" funcionavam em uníssono para produzir consciência e nome-e-forma, que surgem no momento inicial da existência presente e continuam a evoluir numa interação ininterrupta ao longo da vida inteira. De sua interação, as seis bases sensíveis, contato e sensação emergem. Essas cinco constituem *o grupo resultante da existência presente.*

(3) Essas cinco, por sua vez, servem como as bases para um novo ciclo de anseio, apego e atividades cármicas que tendem para uma nova existência. Quando essas surgem, a ignorância necessariamente subjaz a elas, e o que é referido como existência cármica é essencialmente idêntico às atividades volicionais. Esses são os *cinco fatores causais da existência presente.*

(4) Esses cinco como causas produzem um novo conjunto quíntuplo de fatores resultantes no futuro – ou seja, consciência, nome-e-forma, as seis bases sensíveis, contato e sensação. Esses constituem *o grupo resultante da existência futura.*

Os cinco fatores que constituem cada grupo resultante necessariamente experienciam os estágios de desenvolvimento e declínio fisiológicos, e, portanto, nascimento junto a envelhecimento-e-morte – os dois últimos fatores na série de doze – estão implicitamente contidos nos grupos resultantes.

Vistos de outro ângulo, ignorância e anseio funcionam conjuntamente como as raízes do processo inteiro de saṃsāra. Junto ao apego, esses constituem *o ciclo de impurezas*. Dois fatores, atividades volicionais e a fase carmicamente ativa da existência, constituem *o ciclo do kamma*. E a fase resultante da existência, junto aos fatores remanescentes, constituem *o ciclo dos resultados*[51].

3 períodos	*12 fatores*	*20 modos em 4 grupos*
Passado	1. Ignorância 2. Atividades volicionais	Causas passadas 5: 1, 2, 8, 9, 10
Presente	3. Consciência 4. Nome-e-forma 5. Seis bases sensíveis 6. Contato 7. Sensação	Efeitos presentes 5: 3-7
	8. Anseio 9. Apego 10. Existência	Causas presentes 5: 8, 9, 10, 1, 2
Futuro	11. Nascimento 12. Envelhecimento-e-morte	Efeitos futuros 5: 3-7

51. Ver Vism 58; Bodhi (1993), 300-301.

Os suttas não oferecem uma descrição tão detalhada da originação dependente, mas fornecem perspectivas diferentes sobre esse ensinamento. Em 4.5, a cadeia de condições é considerada uma lei natural que permanece válida independentemente de os budas surgirem ou não no mundo. Essa sequência de condições – chamada "condicionalidade específica" (*idappaccayatā*) – persiste como um princípio determinado, estável e invariável ao longo do tempo, considerado "real, não irreal, não de outro modo". A tarefa de um buda é penetrar nessa lei e a compreender plenamente, e depois elucidá-la para outros.

Vários suttas nessa coleção mostram o entendimento da originação dependente como a grande descoberta que o Buda fez na noite de sua iluminação. Um texto incluído aqui, 4.2, declara isso com respeito ao buda presente, Gotama. Os suttas anteriores nessa série relatam a mesma narrativa sobre seus seis predecessores. Ele começa sua investigação buscando uma saída do sofrimento inerente ao envelhecimento e à morte. Sua investigação o leva de volta para a sequência até que chega à condição mais fundamental por trás da série inteira – ou seja, a ignorância. Considera-se que o discernimento de cada ligação que vincula as condições aqui tenha surgido pela aplicação da "atenção cuidadosa", culminando em "uma descoberta pela sabedoria". O discernimento da cadeia inteira, nas ordens tanto da originação como da cessação, marcou a conquista do olho do conhecimento. Em 4.11, encontramos uma versão da mesma linha de investigação, com o término da série no condicionamento mútuo de consciência e nome-e-forma. Nessa versão, o Buda declara que, após ver como consciência e nome-e-forma são mutuamente dependentes, e como cada um cessa com a cessação do outro, descobriu o caminho da iluminação.

A originação dependente oferece uma perspectiva dinâmica sobre o não-si-mesmo que complementa a abordagem analítica fornecida pelo exame crítico dos cinco agregados. A fórmula mostra como o processo de renascimento e o trabalho da causação cármica ocorrem sem um sujeito subjacente, um si-mesmo substancial, passando pelos estágios sucessivos da vida e migrando de uma existência para a próxima. Na época do Buda, filósofos e contemplativos estavam divididos em dois campos opostos. Um campo, os eternalistas, sustentava que no núcleo de cada pessoa há um si-mesmo imortal – substancial e autônomo – que persiste ao longo do ciclo de renascimentos e atinge a libertação, preservando sua essência imutável. O outro campo, os aniquilacionistas, negavam a existência de um si-mesmo permanente que sobrevive à morte corporal. Eles sustentavam que, com a decomposição do corpo, a existência pessoal chega a um fim absoluto e, assim, na morte, o ente vivo é completamente aniquilado. A originação dependente, como 4.4 demonstra, serviu ao Buda como um "ensinamento pelo meio" que evita esses dois extremos. Evita o extremo "tudo existe", uma declaração do eternalismo, mostrando como a continuidade pessoal é possível sem um si-mesmo que persiste ao longo do processo. E evita o extremo "tudo não existe", a afirmação dos aniquilacionistas, mostrando que, contanto que as condições que orientam o processo de se tornar permaneçam intactas, as condições continuarão a operar, costurando uma vida à próxima.

Os suttas selecionados aqui são interessantes não apenas pelos vários ângulos que apresentam sobre a originação dependente, mas também por sua rica variedade de símiles. Assim, 4.8 usa o símile da tigela de barro para ilustrar o atingimento do nibbāna final pelo arahant. O símile em 4.9 ilustra os dois lados da originação dependente com a manutenção e destruição da árvore. Em 4.10, o Buda compara a mente sempre inconstante a um macaco que perambula por uma floresta ao agarrar e soltar galhos, um após o outro. Em 4.11, compara sua descoberta do nobre caminho óctuplo a um homem vagando por uma floresta que cruza um antigo caminho que leva a uma cidade antiga, que ele faz o rei restaurar à sua glória anterior. E, em 4.12, ele usa o símile do copo de bebida envenenada para demonstrar como aqueles ascetas que nutrem o anseio permanecem ligados ao ciclo de nascimento e morte, enquanto aqueles que o abandonam conquistam a libertação do sofrimento, como a pessoa que rejeita a bebida envenenada e, com isso, preserva sua vida.

1. VIBHAṄGASUTTA

Análise (SN 12:2; II 2-4)

"Ensinarei a vocês, monges, a originação dependente e a analisarei para vocês. Ouçam e prestem bem atenção. Eu falarei." – "Sim, Bhante", aqueles monges responderam. O Abençoado disse:

"E o que, monges, é a originação dependente? Com ignorância como condição, monges, atividades volicionais [devêm]; com as atividades volicionais como condição, a consciência; com consciência como condição, nome-e-forma; com nome-e-forma como condição, as seis bases sensíveis; com as seis bases sensíveis como condição, contato; com contato como condição, sensação; com sensação como condição, anseio, com anseio como condição, apego; com apego como condição, existência; com existência como condição, nascimento; com nascimento como condição, envelhecimento-e-morte, tristeza, lamentação, dor, desânimo e infelicidade devêm. Essa é a origem de toda essa massa de sofrimento.

"E o que, monges, é o envelhecimento-e-morte? O envelhecimento de vários entes nas várias ordens de entes, seu envelhecer, a fragilidade dos dentes, o embranquecimento do cabelo, o enrugamento da pele, o declínio da vitalidade, a degeneração das faculdades: isso é chamado envelhecimento. O falecimento de vários entes de várias ordens de entes, seu perecimento, a decomposição dos agregados, o abandono da carcaça: isso é chamado morte. Assim, esse envelhecimento e essa morte são juntos chamados envelhecimento-e-morte.

"E o que, monges, é o nascimento? O nascimento dos vários entes nas várias ordens de entes, seu nascer, descendência, produção, a manifestação dos agregados, a obtenção das bases sensíveis. Isso é chamado nascimento.

“E o que, monges, é a existência? Há esses três tipos de existência: existência do domínio do desejo, existência do domínio da forma, existência do domínio da ausência de forma[52]. Isso é chamado existência.

“E o que, monges, é o apego? Há quatro tipos de apego: apego aos prazeres sensuais, apego a visões, apego a preceitos e observâncias, apego a uma doutrina do si-mesmo. Isso é chamado apego.

“E o que, monges, é o anseio? Há essas seis classes de anseio: anseio por formas, anseio por sons, anseio por odores, anseio por sabores, anseio por objetos táteis, anseio por objetos mentais. Isso é chamado anseio.

“E o que, monges, é a sensação? Há essas seis classes de sensação: sensação nascida do contato visual, sensação nascida do contato auditivo, sensação nascida do contato nasal, sensação nascida do contato com a língua, sensação nascida do contato corporal e sensação nascida do contato mental. Isso é chamado sensação.

“E o que, monges, é o contato? Há seis classes de contato: contato visual, contato auditivo, contato nasal, contato com a língua, contato corporal e contato mental. Isso é chamado contato.

“E o que, monges, são as seis bases sensíveis? A base visual, a base auditiva, a base olfativa, a base palatal, a base corporal, a base mental. Essas são chamadas as seis bases sensíveis.

“E o que, monges, é nome-e-forma? Sensação, percepção, volição, contato, atenção: isso é chamado nome[53]. Os quatro grandes elementos e a forma derivada dos quatro grandes elementos: isso é chamado forma. Assim, esse nome e essa forma são juntos chamados nome-e-forma.

“E o que, monges, é a consciência? Há essas seis classes de consciência: consciência visual, consciência auditiva, consciência olfativa, consciência gustativa e consciência mental. Isso é chamado consciência.

“E o que, monges, são atividades volicionais? Há esses três tipos de atividades volicionais: atividade volicional corporal, verbal e mental[54]. Essas são chamadas atividades volicionais.

---

52. Esses são os três domínios da existência na cosmologia budista. Para detalhes, ver Bodhi, 1993, 189-193.

53. Embora eu traduza *nāma* como nome, isso não deveria ser tomado muito literalmente. *Nāma* é o conjunto dos fatores mentais envolvidos na cognição: sensação, percepção, volição, contato e atenção. Esses são chamados “nome” porque contribuem para o processo de cognição pelo qual objetos são conceitualizados e subsumidos em designações verbais.

54. Os termos pális são *kāyasaṅkhāra*, *vacīsaṅkhāra* e *cittasaṅkhāra*. Vibh 135 (§ 226) os define como três tipos de volição assim: *kāyasañcetanā kāyasaṅkhāro*, *vacīsañcetanā vacīsaṅkhāro*, *manosañcetanā cittasaṅkhāro*. Esses três *saṅkhārā* não deveriam ser confundidos com o conjunto triplo discutido em MN 44 (em I 301) e SN 41:6 (em IV 293). Embora as designações sejam as mesmas, a segunda tríade é sempre mencionada em relação à cessação da percepção e sensação e nunca em conexão com a originação dependente. São definidas respectivamente como inspiração-expiração, pensamento e exame, e percepção e sensação.

"E o que, monges, é a ignorância? Não conhecer o sofrimento, a origem do sofrimento, a cessação do sofrimento, o caminho que leva à cessação do sofrimento. Isso é chamado ignorância.

"Assim, monges, com a ignorância como condição, as atividades volicionais devêm; com atividades volicionais como condição, a consciência... Essa é a origem dessa massa inteira de sofrimento.

"Mas, com o desvanecimento e a cessação sem fim da ignorância, há cessação das atividades volicionais; com a cessação das atividades volicionais, a cessação da consciência; com a cessação da consciência, a cessação do nome-e-forma; com a cessação do nome-e-forma, a cessação das seis bases sensíveis; com a cessação das seis bases sensíveis, a cessação do contato; com a cessação do contato, a cessação da sensação; com a cessação da sensação, a cessação do anseio; com a cessação do anseio, a cessação do apego; com a cessação do apego, a cessação da existência; com a cessação da existência, a cessação do nascimento; com a cessação do nascimento, envelhecimento-e-morte, tristeza, lamentação, dor, desânimo e infelicidade cessam. Isso é a cessação dessa massa inteira de sofrimento."

Isso é o que o Abençoado disse. Exultantes, aqueles monges se alegraram com a declaração do Abençoado.

2. GOTAMASUTTA

Gotama (SN 12:10; II 10-11)

[1. Originação]

"Antes da iluminação, monges, enquanto era apenas um bodhisatta, não plenamente iluminado, isto me ocorreu: 'Infelizmente, este mundo se complicou; nasce, envelhece e morre, fenece, e renasce, mas ainda assim não compreende a fuga desse sofrimento, do envelhecimento-e-morte. Quando então uma fuga será discernida desse sofrimento, do envelhecimento-e-morte?'.

"Então, monges, isto me ocorreu: 'Quando ao que existe devém envelhecimento-e-morte? Pelo que envelhecimento-e-morte é condicionado?' Então, por meio da atenção cuidadosa[55], ocorreu-me uma descoberta pela sabedoria: 'Quando há nascimento, envelhecimento-e-morte devém; com o nascimento como condição, há envelhecimento-e-morte'.

"Então, monges, isto me ocorreu: 'Quando ao que existe devém o nascimento... existência... apego... anseio... sensação... contato... as seis bases sensíveis... nome-e-forma... consciência... atividades volicionais? Pelo que as atividades volicionais são condicionadas?' Então, pela atenção cuidadosa, ocorreu-me uma descoberta pela sabedoria: 'Quando há ignorância, atividades volicionais devêm; com a ignorância como condição, há atividades volicionais'.

---

55. Spk II 21 explica *yoniso manasikāra* como "atenção que é metódica, que está no caminho certo" (*upāyamanasikārena pathamanasikārena*).

"Portanto, isso, na verdade, é assim: Com a ignorância como condição, atividades volicionais devêm; com atividades volicionais como condição, a consciência... Essa é a origem dessa massa inteira de sofrimento.

"'Origem, origem' – assim, monges, com relação a coisas antes desconhecidas, surgiu em mim o olhar, o conhecimento, a sabedoria, o conhecimento claro, a luz."

[2. Cessação]

"Então, monges, isto me ocorreu: 'Quando ao que não existe devém envelhecimento-e-morte? Com a cessação do que existe, a cessação do envelhecimento-e--morte?' Então, por meio da atenção cuidadosa, ocorreu-me uma descoberta pela sabedoria: 'Quando não há nascimento, envelhecimento-e-morte não devêm; com a cessação do nascimento há a cessação do envelhecimento-e-morte'.

"Então, monges, isto me ocorreu: 'Quando ao que não existe não devém o nascimento... a existência... o apego... o anseio... a sensação... o contato... as seis bases sensíveis... nome-e-forma... a consciência... as atividades volicionais não devêm? Com a cessação do que existe, a cessação das atividades volicionais?' Então, por meio da atenção cuidadosa, ocorreu-me uma descoberta pela sabedoria: 'Quando não há ignorância, as atividades volicionais não devêm; com a cessação da ignorância, há cessação das atividades volicionais'.

"Portanto, isso, na verdade, é assim: Com a cessação da ignorância, há a cessação das atividades volicionais; com a cessação das atividades volicionais, a cessação da consciência... Assim é a cessação dessa massa inteira de sofrimento.

"'Cessação, cessação' – 'assim, monges, com relação a coisas antes desconhecidas, surgiu em mim o olhar, o conhecimento, a sabedoria, o conhecimento claro, a luz'."

3. MOḶIYAPHAGGUNASUTTA

Moḷiyaphagguna (SN 12:12, II 12-14)

[1. Os quatro tipos de nutrientes]

"Monges, há esses quatro nutrientes para a persistência dos entes que devieram ou para a assistência daqueles que se aproximam de [uma nova] existência. Quais quatro? Nutriente comestível cru ou sutil; segundo, contato; terceiro, volição; e, quarto, consciência[56]. Esses são os quatro nutrientes para a persistência dos entes que devieram ou para a assistência daqueles que se aproximam de [uma nova] existência."

56. Spk II 23 explica nutriente como uma condição: "pois condições trazem consigo seu fruto, portanto, são chamadas nutrientes" (*paccayā hi āharanti attano phalaṃ, tasmā āhārāti vuccanti*). O que se tem evidentemente em vista aqui são condições *fortes*: alimento material para o corpo, contado para sensação, volição mental para existência renovada nos três domínios e consciência para nome-e-forma.

[2. Quem consome a consciência?]

Quando isso foi dito, o Venerável Moḷiyaphagguna disse ao Abençoado: "Quem, Bhante, consome o nutriente consciência?[57]".

"Essa não é uma pergunta adequada", disse o Abençoado: "Não digo: '[Alguém] consome'. Se eu dissesse: '[Alguém] consome', nesse caso a pergunta adequada seria: 'Quem, Bhante, consome?' Mas não digo isso. Como não digo isso, deve me perguntar: 'Para o que, Bhante, o nutriente consciência é [uma condição]?' Essa é uma pergunta adequada. A resposta adequada está aqui: 'O nutriente consciência é uma condição para a produção de existência renovada no futuro. Quando existe aquilo que tem de devir, há seis bases sensíveis; com essas como condição, há contato".

[3. Do contato ao apego]

"Quem, Bhante, contata?" – "Essa não é uma pergunta adequada", disse o Abençoado. "Não digo: '[Alguém] contata'. Se eu dissesse: '[Alguém] contata', a pergunta adequada seria: 'Quem, Bhante, contata?' Mas não digo assim. Como não digo assim, deve me perguntar: 'Por qual condição, Bhante, há contato?' Essa é uma pergunta adequada. A resposta adequada está aqui: 'Com as seis bases sensíveis como condição, há contato; com o contato como condição, há sensação'."

"Quem, Bhante, sente?" – "Essa não é uma pergunta adequada", disse o Abençoado. "Não digo: '[Alguém] sente'. Se eu dissesse: '[Alguém] sente', a pergunta adequada seria: 'Quem, Bhante, sente?' Mas não digo assim. Como não digo assim, deve me perguntar: 'Por qual condição, Bhante, há sensação?' Essa é uma pergunta adequada. A resposta adequada está aqui: 'Com o contato como condição, há sensação; com a sensação como condição, há anseio'."

"Quem, Bhante, anseia?" – "Essa não é uma pergunta adequada", disse o Abençoado. "Não digo: '[Alguém] anseia'. Se eu dissesse: '[Alguém] anseia', a pergunta adequada seria: 'Quem, Bhante, anseia?' Mas não digo assim. Como não digo assim, deve me perguntar: 'Por qual condição, Bhante, há anseio?' Essa é uma pergunta adequada. A resposta adequada está aqui: 'Com a sensação como condição, há anseio; com a anseio como condição, há apego'."

"Quem, Bhante, se apega?" – "Essa não é uma pergunta adequada", disse o Abençoado. "Não digo: '[Alguém] se apega'. Se eu dissesse: '[Alguém] se apega', a pergunta adequada seria: 'Quem, Bhante, se apega?' Mas não digo assim. Como não digo assim, deve me perguntar: 'Por qual condição, Bhante, há apego?' Essa é uma pergunta adequada. A resposta adequada está aqui: 'Com o anseio como condição, há apego; com o apego como condição, há existência…' Essa é a origem dessa massa inteira de sofrimento."

---

57. O Buddha rejeita sua pergunta porque essa pressupõe a existência de um si-mesmo que se encontra além da consciência. A mesma pressuposição de um si-mesmo subjaz suas perguntas seguintes.

[4. Cessação]

"Mas, Phagguna, com o desvanecimento e a cessação sem fim das seis bases de contato, há cessação do contato; com a cessação do contato, a cessação da sensação; com a cessação dessa, a cessação do anseio; com a cessação desse, a cessação do apego; com a cessação desse, a cessação da existência; com a cessação dessa, a cessação do nascimento; com a cessação do nascimento, envelhecimento-e-morte, tristeza, lamentação, dor, desânimo e infelicidade cessam. Assim é a cessação dessa massa inteira de sofrimento."

4. KACCĀNAGOTTASUTTA

Kaccānagotta (SN 12:15; II 16-17)

Então, o Venerável Kaccānagotta se aproximou do Abençoado, prestou-lhe homenagem, sentou-se ao seu lado, e disse: "Bhante, diz-se: 'visão correta, visão correta'. De que modo, Bhante, a visão correta ocorre?"

"Este mundo, Kaccāna, é, basicamente, dependente de uma díade – das [noções de] 'existência' e 'não existência'[58]. Mas, Kaccāna, para alguém que vê a origem do mundo como realmente é com a visão correta, [a noção de] 'não existência' não ocorre em relação ao mundo. E, para alguém ver a cessação do mundo como realmente é com a visão correta, [a noção de] 'existência' não ocorre em relação ao mundo[59].

"Este mundo, Kaccāna, é, basicamente, limitado por envolvimento, apego e adesão. Mas essa pessoa não se aproxima, não se apega, não depende desse envolvimento, apego, ponto de vista mental, adesão e tendência, 'Meu si-mesmo'. Ela não fica desconcertada e não duvida de que aquilo que surge é apenas sofrimento surgindo, que o que cessa é sofrimento cessando. Sem dependência de outros, ocorre-lhe o conhecimento sobre isso. É desse modo, Kaccāna, que a visão correta ocorre.

"'Tudo existe': Kaccāna, esse é um extremo. 'Tudo não existe': esse é o segundo extremo. Não tendo se aproximado desses extremos, o Tathāgata ensina o dhamma pelo meio: 'Com ignorância como condição, as atividades volicionais devêm; com as atividades volicionais como condição, a consciência... Essa é a origem dessa massa inteira de sofrimento. Mas, com o desvanecimento e a cessação sem fim da ignorância, há cessação das atividades volicionais; com a cessação delas, a cessação da consciência... Assim é a cessação dessa massa inteira de sofrimento'."

---

58. Seria equívoco traduzir os dois termos, *atthitā* e *natthitā*, simplesmente como "existência" e "não-existência" e depois manter (como, por vezes, é feito) que o Buddha rejeita todas as noções ontológicas como inerentemente inválidas. As declarações do Buddha em 2.14, por exemplo, mostram que ele faz pronunciamentos sobre o que existe e sobre o que não existe quando esses pronunciamentos são necessários. Na presente passagem *atthitā* e *natthitā* são substantivos abstratos formados pela adição do sufixo abstrato *-tā* aos verbos *atthi* e *natthi*. São as *suposições metafísicas* implícitas nessas abstrações que são equivocadas, não as próprias atribuições de existência e não-existência.

59. Para o ensinamento do Buddha sobre a origem e fenecimento do mundo, ver SN 12:44, não incluído aqui.

5. Paccayasutta

Condições (SN 12:20; II 25-26)

"Ensinarei a vocês, monges, a originação dependente e os fenômenos dependentemente originados. Ouçam e prestem bem atenção. Eu falarei." – "Sim, Bhante", aqueles monges responderam. O Abençoado disse:

"E o que, monges, é a originação dependente? Com o nascimento como condição, o envelhecimento devém: quer haja ou não o surgimento de tathāgatas, esse elemento ainda persiste, o padrão persistente dos fenômenos, a licitude dos fenômenos, a condicionalidade específica[60]. O Tathāgata se iluminou sobre isso e avança para isso. Tendo se iluminado sobre isso, tendo avançado para isso, ensina-o, aponta para ele, estabelece-o, desvela-o, analisa-o, elucida-o. E ele diz: 'Vejam! Com o nascimento como condição, monges, envelhecimento-e-morte devém'.

"Com a existência como condição, o nascimento devém... com a ignorância como condição, as atividades volicionais devêm: quer haja ou não o surgimento de tathāgatas, esse elemento ainda persiste, o padrão persistente dos fenômenos, a licitude dos fenômenos, a condicionalidade específica. O Tathāgata se ilumina sobre isso e avança para isso. Tendo se iluminado sobre isso, tendo avançado para isso, ensina-o, aponta para ele, estabelece-o, desvela-o, analisa-o, elucida-o. E ele diz: 'Vejam! Com a ignorância como condição, monges, as atividades volicionais devêm'.

"Então, monges, a realidade nisso, a falta de irrealidade, o não ser de outro modo, condicionalidade específica[61]: Isso é chamado originação dependente.

"E o que, monges, são fenômenos dependentemente originados? O envelhecimento-e-morte é impermanente, condicionado, dependentemente originado, sujeito a destruição, ao desaparecimento, ao evanescimento, à cessação. O nascimento... A ignorância é impermanente, condicionada, dependentemente originada, sujeita à destruição, ao desaparecimento, ao evanescimento, à cessação. Esses são chamados fenômenos dependentemente originados."

---

60. *Dhammaṭṭhitatā dhammaniyāmatā idappaccayatā*. Nas primeiras duas composições, é difícil determinar com base no próprio texto se o *dhamma* é ou não uma significação singular de "o dhamma", ou seja, a lei de condicionalidade que governa os fenômenos, ou um plural, *dhammā*, significando os fenômenos governados pela lei. Spk II 40 toma as duas expressões para se referir à condição (*paccaya*), "pois é através da condição que os fenômenos condicionalmente surgidos persistem e é a condição que governa os fenômenos".

61. *Iti kho, bhikkhave, yā tatra tathatā avitathatā anaññathatā idappaccayatā, ayaṃ vuccati, bhikkhave, paṭiccasamuppādo*. Ver 1.7, onde os adjetivos correspondentes, *tatha*, *avitatha*, *anaññatha*, descrevem as quatro nobres verdades.

6. DASABALASUTTA

Os dez poderes (SN 12:22; II 28-29)

"O Tathāgata, monges, possuindo os dez poderes e os quatro tipos de autoconfiança[62], reivindica o lugar do touro líder, ruge o rugido de um leão nas assembleias, e gira a roda Brahma, dizendo: 'Assim é a forma, sua origem, seu fenecimento; assim é a sensação, sua origem, seu fenecimento; assim é a percepção, sua origem, seu fenecimento; assim são as atividades volicionais, sua origem, seu fenecimento; assim é a consciência, sua origem, fenecimento'.

"Assim, quando isso existe, aquilo devém; com o surgimento disso, aquilo surge. Quando isso não existe, aquilo não devém; com a cessação disso, aquilo cessa. Ou seja, com a ignorância como condição, as atividades volicionais devêm; com essas como condição, a consciência... Essa é a origem dessa massa inteira de sofrimento. Mas, com o desvanecimento e a cessação sem fim da ignorância, há cessação das atividades volicionais; com a cessação delas, a cessação da consciência... Assim é a cessação dessa massa inteira de sofrimento.

"Portanto, monges, expus bem o dhamma, elucidei-o, desvelei-o, revelei-o, destaquei-o de seu meio. Quando expus bem o dhamma, elucidei-o, desvelei-o, revelei-o, destaquei-o de seu meio, isso é certamente suficiente para uma pessoa jovem que se desenvolveu pela fé incitar energia assim: 'Voluntariamente, deixe que permaneçam [apenas] minha pele, tendões e ossos; deixe que a carne e o sangue em meu corpo sequem, mas enquanto não tenha atingido o que quer que tenha de ser atingido pela força, energia e esforço humanos, não haverá estagnação de energia'.

"Uma pessoa preguiçosa, monges, vive dolorosamente, misturada com qualidades nocivas más, e descarta um grande bem pessoal. Mas uma pessoa ativa vive feliz, isolada de qualidades impróprias más, e realiza grande bem pessoal. Não é pelo inferior que há o atingimento do principal, mas é pelo principal que há o atingimento do principal. Essa vida espiritual, monges, é uma bebida de creme; o Instrutor está presente diante de vocês.

"Portanto, monges, incitem energia para o atingimento do ainda-por-atingir, para o atingimento do ainda-não-alcançado, para o entendimento do ainda-não-entendido, [com o pensamento]: 'De modo que esse nosso desenvolvimento não nos será estéril, mas útil e valioso. Como para aqueles cujos [presentes de] mantos, alimento doado, alojamentos e necessidades medicinais que usamos, esses serviços que nos são prestados serão de grande recompensa e benefício [para eles]'. De modo que, monges, vocês devem treinar.

"Pois, ao considerarem seu bem, monges, basta se esforçarem com atenção; ao considerarem o bem de outros, basta se esforçarem com atenção; ao considerarem o bem de ambos, basta se esforçarem com atenção."

---

62. Os dez poderes do Buddha e os quatro tipos de autoconfiança estão em MN 12 (I 69-72).

7. Pañcaverabhayasutta

Cinco inimigos e perigos (SN 12:41; II 68-69)

[1. A segurança de um nobre discípulo]

Então, o chefe de família Anāthapiṇḍika se aproximou do Abençoado, prestou-lhe homenagem e se sentou ao seu lado. O Abençoado então lhe disse:

"Chefe de família, quando, para um nobre discípulo, cinco perigos e inimigos tiverem diminuído e ele tiver obtido os quatro fatores de entrada na corrente, e o nobre método tiver sido bem-visto e bem-penetrado por ele com sabedoria, então, se ele desejar poderá por si se declarar assim: 'Sou aquele pronto com o inferno, com o domínio animal, com o domínio dos espíritos, com o plano da infelicidade, com as más destinações, com o mundo inferior. Sou aquele que entra na corrente, não mais sujeito ao mundo inferior, determinado [no destino], com a iluminação como minha destinação'."

[2. Os cinco inimigos e perigos]

"Quais são os cinco perigos e inimigos que diminuíram? Chefe de família, aquele que destrói a vida, com a destruição dessa como condição, engendra um perigo e um inimigo pertencentes à vida presente e um perigo e um inimigo pertencentes à vida futura, e experiencia sofrimento mental e desânimo. Assim, para aquele que se abstém da destruição da vida, esse perigo e inimigo diminuem.

"Aquele que aceita o que não é dado... que se envolve em má conduta sexual... que fala falsamente... que se compraz em licores, vinho e intoxicantes, uma base para a negligência, com essa indulgência como condição, engendra um perigo e um inimigo pertencentes à vida presente e um perigo e um inimigo pertencentes à vida futura, e experiencia sofrimento mental e desânimo. Assim, para aquele que se abstém de se comprazer em licores, vinho e intoxicantes, esse perigo e inimigo diminuem. Esses são os cinco perigos e inimigos que diminuem."

[3. Os quatro fatores da entrada na corrente]

"Quais são os quatro fatores da entrada na corrente que ele possui? Aqui, chefe de família, o nobre discípulo possui confiança confirmada no Buda assim: 'O Abençoado é um arahant, perfeitamente iluminado, bem-sucedido no conhecimento e conduta claros, afortunado, conhecedor do mundo, treinador inigualável de pessoas a serem treinadas, instrutor de devas e humanos, o Iluminado, o Abençoado'.

"Ele possui confiança confirmada no dhamma assim: 'O dhamma é bem exposto pelo Abençoado, diretamente visível, imediato, pedindo a alguém para vir e ver, aplicável, para ser pessoalmente compreendido pelo sábio',

"Ele possui confiança confirmada no sangha assim: 'O sangha dos discípulos do Abençoado está praticando bem, praticando de um modo direto, metodicamente, praticando propriamente – ou seja, os quatro pares de pessoas, os oito tipos de indivíduos, esse sangha dos discípulos do Abençoado é digno de presentes, de hospitalidade, de oferendas, de saudação, o campo inigualável do mérito para o mundo'.

"Ele possui o bom comportamento amado pelos nobres – íntegro, irresoluto, intacto, imaculado, libertador, elogiado pelo sábio, liberto, conduzindo à concentração. Esses são os quatro fatores de entrada na corrente que ele possui."

[4. O método nobre]

"E o que é o método nobre que ele viu bem e penetrou bem com sabedoria? Aqui, chefe de família, o nobre discípulo presta atenção inteiramente à originação dependente assim: 'Quando isso existe, aquilo devém; com o surgimento disso, aquilo surge. Quando isso não existe, aquilo não devém; com a cessação disso, aquilo cessa'.

"'Ou seja, com a ignorância como condição, as atividades volicionais devêm; com essas como condição, a consciência... Essa é a origem dessa massa inteira de sofrimento. Mas com o desvanecimento e a cessação sem fim da ignorância há a cessação das atividades volicionais; com a cessação das atividades volicionais, a cessação da consciência... Essa é a cessação dessa massa inteira de sofrimento'. Esse é o método nobre que foi bem-visto e bem-penetrado com a sabedoria.

"Quando, chefe de família, esses cinco perigos e inimigos diminuem em um nobre discípulo, e ele possui esses quatro fatores de entrada na corrente e viu bem e penetrou bem com a sabedoria desse método nobre, se quisesse, poderia por si se declarar assim: 'Sou aquele pronto com o inferno, com o domínio animal, com o domínio dos espíritos, com o plano da infelicidade, com as más destinações, com o mundo inferior. Entrei na corrente, não estou mais sujeito ao mundo inferior, determinado [no destino], com a iluminação como minha destinação'."

8. Parivīmaṃsanasutta

Investigação (SN 12:51; II 80-84)

[1. A investigação]

"Aqui, monges, quando está investigando, um monge investiga assim: 'Os muitos tipos diferentes de sofrimento que surgem no mundo [encabeçados pelo] envelhecimento-e-morte: Qual é a causa desse sofrimento, sua origem, sua gênese, sua fonte? Quando ao que existe devém envelhecimento-e-morte? Quando ao que não existe não devém envelhecimento-e-morte?'

"Ele compreende envelhecimento-e-morte, sua origem, sua cessação, e o caminho que vai em conformidade com sua cessação[63]. Ele pratica nesse caminho e atua de acordo com o dhamma. Esse é chamado um monge que está praticando para a destruição completa do sofrimento, para a cessação do envelhecimento-e-morte.

---

63. *Jarāmaraṇanirodhasāruppagāminī paṭipadā*. Essa é uma forma inusual de descrever a prática. Spk II 77 explica que essa forma é considerada "em conformidade com a cessação do envelhecimento-e-morte" porque é *similar à* cessação em função de sua pureza e ausência de impurezas (*nikkilesatāya parisuddhatāya sadisāva*).

"Então, investigando mais, ele investiga assim: 'Qual é a cause desse nascimento?... Qual é a causa dessa existência?... Qual é a causa desse apego?... Qual é a causa desse anseio?... Qual é a causa dessa sensação?... Qual é a causa desse contato?... Qual é a causa dessas seis bases sensíveis?... Qual é a causa desse nome-e-forma?... Qual é a causa dessa consciência?... Qual é a causa dessas atividades volicionais, qual é sua origem, qual é sua gênese, qual é sua fonte? Quando ao que existe devêm as atividades volicionais? Quando ao que não existe não devêm as atividades volicionais?'.

"Enquanto investiga, compreende: 'As atividades volicionais têm a ignorância como sua causa, como sua origem, como sua gênese, como sua fonte. Quando há ignorância, as atividades volicionais devêm; quando não há ignorância, as atividades volicionais não devêm'.

"Ele compreende as atividades volicionais, sua origem, sua cessação e o caminho que vai em conformidade com a sua cessação. Ele pratica nesse caminho e atua de acordo com o dhamma. Esse é chamado um monge que está praticando para a destruição completa do sofrimento, para a cessação das atividades volicionais."

[2. Libertação]

"Monges, se essa pessoa ignorante gera uma atividade volicional meritória, a consciência se aproxima do meritório. Se gera uma atividade volicional demeritória, se aproxima do demeritório. Se gera uma atividade volicional imperturbável, a consciência se aproxima do imperturbável[64].

"Mas quando um monge abandonou a ignorância e deu origem ao conhecimento claro, então, com o evanescimento da ignorância e o surgimento do conhecimento claro, não gera uma atividade volicional meritória, demeritória ou imperturbável.

"Alguém que não gera ou produz [quaisquer atividades volicionais] não se apega a coisa alguma no mundo. Não se apegando, não tem desejo. Sem desejo, pessoalmente atinge o nibbāna. Ele compreende: 'Terminado o nascimento, a vida espiritual foi vivida, o que tinha de ser feito foi feito, nada mais há para esse estado do ser'."

[3. Nibbāna com resíduo][65]

"Se ele tem uma sensação prazerosa, compreende: 'É impermanente'; compreende: 'Não é retida'; compreende: 'Não é apreciada'. Se tem uma sensação dolorosa,

---

64. Os três são: *puññābhisaṅkhāra, apuññābhisaṅkhāra, āneñjābhisaṅkhāra*. Vibh 135 (§ 226) explica a atividade volicional meritória como volição salutar da esfera do desejo e da esfera da forma, gerada pelo doar, comportamento ético e desenvolvimento mental (*kusalā cetanā kāmāvacarā rūpāvacarā dānamayā sīlamayā bhāvanāmayā*). A atividade volicional demeritória é volição nociva da esfera do desejo (*akusalā cetanā kāmāvacarā*). A atividade volicional imperturbável é volição salutar da esfera da ausência de forma (*kusalā cetanā arūpāvacarā*). Spk II 78 explica que a consciência cármica "se aproxima da meritória" etc., ao ser associada à qualidade ética correspondente; a consciência resultante "se aproxima da meritória" etc. ao chegar ao resultado da atividade meritória etc.

65. Sobre a distinção entre o elemento nibbāna com resíduo e o elemento nibbāna sem resíduo, ver p. 159-160. Embora o sutta presente não use essas expressões, parece que a distinção está implicada aqui.

compreende: 'É impermanente'; compreende: 'Não é retida'; compreende: 'Não é apreciada'. Se ele tem uma sensação nem-dolorosa-nem-prazerosa, compreende: 'Não é retida'; compreende: 'Não é apreciada'. Se tem uma sensação prazerosa, sente-a desprendida; se tem uma sensação dolorosa, sente-a desprendida; se tem uma sensação nem-dolorosa-nem-prazerosa, sente-a desprendida.

"Quando tem uma sensação limitada pelo corpo, compreende: 'Tenho uma sensação limitada pelo corpo'. Quando tem uma sensação limitada pela vida, compreende: 'Tenho uma sensação limitada pela vida'[66]. Ele compreende: 'Com a decomposição do corpo, seguindo a exaustão da vida, tudo que é sentido, não sendo apreciado, esfriará imediatamente; resíduos corporais permanecerão'.

"Suponham, monges, que um homem remova uma tigela de cerâmica quente de um forno para cerâmica e o deposite no chão liso. Seu calor diminui imediatamente e restam fragmentos. Do mesmo modo, quando tem uma sensação limitada pelo corpo, compreende: 'Tenho uma sensação limitada pelo corpo'. Quando tem uma sensação limitada pela vida, compreende: 'Tenho uma sensação limitada pela vida'. Ele compreende: 'Com a decomposição do corpo, seguindo a exaustão da vida, tudo que é sentido, não sendo apreciado, esfriará imediatamente; resíduos corporais permanecerão'."

[4. Nibbāna sem resíduo]

"O que vocês acham, monges? Um monge cujos influxos são destruídos geraria uma atividade volicional meritória, demeritória ou imperturbável?" – "Certamente, não, Bhante." – "Quando atividades volicionais estão completamente ausentes, com a cessação das atividades volicionais, a consciência seria discernida?" – "Certamente, não, Bhante."

"Quando a consciência está completamente ausente, com sua cessação, nome-e--forma seriam discernidos?" – "Certamente, não, Bhante." – "Quando nome-e-forma... as seis bases sensíveis... o contato... a sensação... o anseio... o apego... a existência estão completamente ausentes, com a cessação da existência, o nascimento seria discernido?" – "Certamente, não, Bhante." – "Quando o nascimento é completamente ausente, com a cessação do nascimento, o envelhecimento-e-morte seria discernido?" – "Certamente, não, Bhante."

"Bom, bom, monges! Assim é, e não de outro modo. Tenham fé em mim quanto a isso, monges, convençam-se. Não fiquem perplexos quanto a isso, sem dúvida. Isso, por si, é o fim do sofrimento"[67].

---

66. Spk II 78: "Uma 'sensação' limitada pelo corpo' (*kāyapariyantikaṃvedanaṃ*) é uma sensação através das cinco portas sensíveis, que ocorre enquanto o corpo continua. Uma 'sensação limitada pela vida' (*jīvitapariyantikaṃ vedanaṃ*) é uma sensação através da porta da mente, que ocorre enquanto a vida continua".

67. Spk II 81: "Esse é o fim, a terminação, do dukkha do ciclo da existência, ou seja, o nibbāna".

9. MAHĀRUKKHASUTTA

A grande árvore (SN 12:55; II 87-88)

"Monges, se alguém vive contemplando alegria em coisas às quais se pode apegar, o anseio aumenta[68]. Com o anseio como condição, ocorre o apego; com esse como condição, a existência... Essa é a origem dessa massa inteira de sofrimento.

"Suponham, monges, que houvesse uma grande árvore. Suas raízes profundas e se entrelaçadas levariam a seiva para cima. Assim, essa grande árvore, com essa seiva como nutriente, como nutrição, permaneceria por um longo tempo. Do mesmo modo, monges, se alguém vive contemplando alegria em coisas às quais se pode apegar, o anseio aumenta. Com o anseio como condição, ocorre o apego; com esse como condição, a existência... Essa é a origem dessa massa inteira de sofrimento.

"Mas, monges, se alguém vive contemplando perigo em coisas às quais pode-se apegar, o anseio cessa. Com a cessação do anseio, há a cessação do apego; com sua cessação, a cessação da existência... Essa é a cessação dessa massa inteira de sofrimento.

"Suponham, monges, que houvesse uma grande árvore. Então, uma pessoa viria com uma pá e um cesto. Ela cortaria essa árvore na raiz, cavaria ao seu redor e extrairia as raízes, mesmo aquelas do tamanho de fibras *usīra*. Ela cortaria essa árvore em pedaços, os quebraria e os reduziria a lascas. Tendo feito lascas, ela as secaria ao vento e, sob o calor do sol, as queimaria e faria cinzas. Tendo feito cinzas, as jogaria em um forte vento ou faria com que fossem carregadas por um rio com um curso rápido. Assim, na verdade, monges, essa grande árvore seria cortada na raiz, igualada a um toco de palmeira, obliterada, não sujeita a surgimento futuro.

"Do mesmo modo, monges, se uma pessoa vive contemplando perigo em coisas às quais pode-se apegar, o anseio cessa. Com a cessação do anseio, a cessação da existência... Essa é a cessação dessa massa inteira de sofrimento'."

10. ASSUTAVĀSUTTA

Não cultivado (SN 12:61; II 94-95)

[1. A pessoa mundana apreende a mente]

"A pessoa mundana não cultivada, monges, poderia se desencantar com esse corpo físico[69], tornar-se imparcial em relação a ele e se libertar dele. Por qual razão? Porque é visto nesse corpo físico crescimento e declínio, desenvolvimento e extinção. Portanto, a pessoa mundana não cultivada poderia se desencantar com esse corpo físico, tornar-se imparcial em relação a ele e se libertar dele.

---

68. Em SN 22:121, os cinco agregados são chamados "coisas às quais se pode apegar" (*upādāniyā dhammā*). Em SN 35:110, o mesmo termo é atribuído às seis bases sensíveis internas, e em SN 35:123, as seis bases externas – ou seja, formas, sons etc., agradáveis.

69. *Imasmiṃ cātumahābhūtikasmiṃ kāyasmiṃ*. Literalmente, "neste corpo composto dos quatro grandes elementos".

"Mas, monges, quando ao que é chamado 'mente', 'pensamento' e 'consciência'[70] – a pessoa mundana não cultivada é incapaz de se desencantar com isso, de se tornar imparcial em relação a isso, de se libertar disso. Por qual razão? Porque, monges, por um longo tempo a pessoa mundana não cultivada o manteve, apropriou-se dele e, assim, apreendeu-o: 'Isso é meu, eu sou isso, isso é meu si-mesmo'. Portanto, a pessoa mundana não cultivada é incapaz de se desencantar com ele, de se tornar imparcial em relação a ele, de se libertar dele."

[2. Melhor prender o corpo do que a mente]

"Seria melhor, monges, para a pessoa mundana não cultivada assumir esse corpo físico como si-mesmo em vez de assumir a mente. Por qual razão? Porque esse corpo físico parece permanecer por um, dois, três, quatro, cinco, dez, vinte, trinta, quarenta, cinquenta, cem anos ou ainda mais.

"Mas o que é chamado 'mente', 'pensamento' e 'consciência', dia e noite, surge como uma coisa e cessa como outra. Assim como um macaco vagando em uma floresta agarra um galho, solta-o e agarra outro, depois o solta e agarra mais outro, o que é chamado 'mente', 'pensamento' e 'consciência', dia e noite, surge como uma coisa e cessa como outra."

[3. Contemplando a originação dependente]

"Em relação a isso, monges, o nobre discípulo cultivado presta atenção plenamente à originação dependente assim: 'Quando isso existe, aquilo devém; com o surgimento disso, aquilo surge. Quando isso não existe, aquilo não devém; com a cessação disso, aquilo cessa – ou seja, com a ignorância como condição, as atividades volicionais devêm; com atividades volicionais como condição, a consciência... Essa é a origem dessa massa inteira de sofrimento. Mas, com o desvanecimento e a cessação sem fim da ignorância, há cessação das atividades volicionais; com a cessação delas, a cessação da consciência... Assim é a cessação dessa massa inteira de sofrimento'.

"Vendo assim, o nobre discípulo cultivado se desencanta com a forma, com a sensação, com a percepção, com as atividades volicionais, com a consciência. Desencantado, torna-se imparcial. Pela imparcialidade, ele é libertado. Com relação ao que é libertado, o conhecimento ocorre assim: 'Libertado'. Ele compreende: 'Terminado é o nascimento, a vida espiritual foi vivida, o que tinha de ser feito foi feito, nada mais há para esse estado de ser'."

---

70. *Yañca kho etaṃ, bhikkhave, vuccati cittaṃ itipi, mano itipi, viññāṇaṃ itipi*. Geralmente, nos suttas, esses três termos ocorrem em diferentes contextos. *Citta* é o centro da vida interior de uma pessoa, a sede das emoções e volições, aquilo que está sujeito a impureza e purificação; *mano* é a base sensível interna e uma porta de ação; e *viññāṇa* é a consciência que torna possível a cognição através das seis bases sensíveis. Mas, aqui, são tratadas como as três designações para a mesma entidade.

11. NAGARASUTTA

A cidade (SN 12:65; II 104-107)

[1. Descobrindo o caminho para a iluminação]

"Antes da iluminação, monges, enquanto era apenas um bodhisatta, não plenamente iluminado, isto me ocorreu: 'Infelizmente, este mundo se complicou; nasce, envelhece e morre, fenece, e renasce, mas ainda assim não compreende a fuga desse sofrimento, do envelhecimento-e-morte. Quando então uma fuga será discernida desse sofrimento, do envelhecimento-e-morte?'[71]

"Então, monges, isto me ocorreu: 'Quando ao que existe devém envelhecimento-e-morte? Pelo que envelhecimento-e-morte é condicionado?' Então, por meio da atenção cuidadosa, ocorreu-me uma descoberta pela sabedoria: 'Quando há nascimento, envelhecimento-e-morte devém; com o nascimento como condição, há envelhecimento-e-morte'.

"Então, monges, isto me ocorreu: 'Quando ao que existe devêm nascimento... existência... apego... anseio... sensação... contato... as seis bases sensíveis... nome-e-forma? Pelo que nome-e-forma é condicionada? Então, por meio da atenção cuidadosa, ocorreu-me uma descoberta pela sabedoria: 'Quando há consciência, nome-e-forma devém; com a consciência como condição, há nome-e-forma'.

"Então, monges, isto me ocorreu: 'Quando ao que existe devém a consciência? Pelo que a consciência é condicionada?' Então, pela atenção cuidadosa, ocorreu-me uma descoberta pela sabedoria: 'Quando há nome-e-forma, a consciência devém; com a consciência como condição, há nome-e-forma'[72]

"Então, monges, isto me ocorreu: 'Essa consciência volta; não vai mais longe que nome-e-forma. É só até aí que alguém pode nascer, envelhecer e morrer, fenecer e renascer – ou seja, quando há consciência com nome-e-forma como sua condição, e nome-e-forma com consciência como sua condição. Com nome-e-forma como condição, as seis bases sensíveis devêm; com essas como condição, o contato... Essa é a origem dessa massa inteira de sofrimento'.

"'Origem, origem' – assim, monges, com relação a coisas antes desconhecidas, surgiu em mim o olhar, o conhecimento, a sabedoria, o conhecimento claro, a luz.

---

71. A linha de investigação descrita aqui pode ser comparada àquela descrita em 4.2. Embora a anterior retroaja a cadeia de condições às atividades volicionais e à ignorância, a versão presente termina com a interdependência da consciência e nome-e-forma.

72. A consciência pode ser considerada dependente de nome-e-forma na medida em que, na experiência humana, ela requer a "forma", um corpo físico constituído de faculdades sensíveis, e sempre surge em associação com a sensação, percepção, volição, contato e atenção, os constituintes do "nome". Nome-e-forma é dependente da consciência na medida em que o corpo físico funciona apenas como um corpo senciente quando habitado por uma consciência, e os fatores do grupo "nome" só podem ocorrer em associação com a consciência.

"Então, monges, isto me ocorreu: 'Quando ao que não existe não devém envelhecimento-e-morte? Com a cessação do que existe, há a cessação do envelhecimento-e-morte?' Então, por meio da atenção cuidadosa, ocorreu-me uma descoberta pela sabedoria: 'Quando não há nascimento, envelhecimento-e-morte não devém; com a cessação do nascimento há a cessação do envelhecimento-e-morte'.

"Então, monges, isto me ocorreu: 'Quando ao que não existe não devêm o nascimento… a existência… o apego… o anseio… a sensação… o contato… as seis bases sensíveis… nome-e-forma? Com a cessação do que existe, há a cessação do nome-e-forma?' Então, por meio da atenção cuidadosa, ocorreu-me uma descoberta pela sabedoria: 'Quando não há consciência, nome-e-forma não devém; com a cessação da consciência, há cessação de nome-e-forma'.

"Então, monges, isto me ocorreu: 'Quando ao que não existe não devém a consciência? Com a cessação do que é, há a cessação da consciência?' Então, pela atenção cuidadosa, ocorreu-me uma descoberta pela sabedoria: 'Quando não há nome-e-forma, a consciência não devém; com a cessação de nome-e-forma, há a cessação da consciência'.

"Isto me ocorreu, monges: 'Descobri esse caminho para a iluminação – ou seja, com a cessação de nome-e-forma, há cessação da consciência; com sua cessação, há a cessação de nome-e-forma. Com a sensação desse, há a cessação das seis bases sensíveis; com a cessação dessas, a cessação do contato… Assim é a cessação dessa massa inteira de sofrimento'.

"'Cessação, cessação' – 'assim, monges, com relação a coisas antes desconhecidas, surgiu em mim o olhar, o conhecimento, a sabedoria, o conhecimento claro, a luz'."

[2. O símile da cidade]

"Suponham, monges, que um homem vagando em uma floresta visse um caminho antigo, uma estrada antiga, percorrido por pessoas no passado. Ele o seguiria e veria uma antiga cidade, uma antiga capital, habitada por pessoas no passado, com parques, bosques, lagos e montes, agradável.

"Então, o homem se anunciaria ao rei ou ao ministro-chefe do rei: 'Senhor, você deve saber que, enquanto vagava por uma floresta, vi um caminho antigo, uma estrada antiga, percorrido por pessoas no passado. Segui-o e vi uma antiga cidade, uma antiga capital, habitada por pessoas no passado, com parques, bosques, lagos e montes, agradável. Renove essa cidade, senhor!'

"Então, monges, esse rei ou o ministro-chefe desse rei renovaria essa cidade. Algum tempo depois, essa cidade se tornaria bem-sucedida e próspera, povoada, cheia de pessoas, cresceria e expandiria.

"Do mesmo modo, monges, vi o caminho antigo, a estrada antiga, percorrido pelos perfeitamente iluminados do passado. E o que é esse caminho antigo, essa estrada antiga? É apenas esse nobre caminho óctuplo – ou seja, a visão correta… a concentração correta. Esse é o caminho antigo, a estrada antiga, percorrido pelos perfeitamente iluminados do passado.

"Segui-o e conheci diretamente envelhecimento-e-morte, sua origem, sua cessação e o caminho que leva à sua cessação. Segui-o e conheci diretamente o nascimento… a existência… o apego… o anseio… a sensação… o contato… as seis bases sensíveis… nome-e-forma… a consciência… as atividades volicionais, sua origem, cessação e o caminho que leva à sua cessação.

"Tendo o conhecido diretamente, indiquei-o aos monges, monjas, aos seguidores leigos, homens e mulheres. Essa vida espiritual, monges, tornou-se bem-sucedida e próspera, extensiva, popular, difundida, bem proclamada entre devas e humanos."

12. SAMMASANASUTTA

Exploração (SN 12:66; II 107-112)

[1. Exploração interior]

Assim, ouvi. Em uma ocasião, o Abençoado estava vivendo entre os Kurus, onde havia uma cidade chamada Kammāsadamma. Lá, o Abençoado se dirigiu aos monges: "Monges!" – "Venerável!", aqueles monges responderam. O Abençoado disse: "Monges, vocês se envolvem em exploração interior?" Quando isso foi dito, um certo monge disse ao Abençoado: "Bhante, envolvo-me em exploração interior".

"Mas como, monge, você se envolve em exploração interior?" O monge então explicou, mas sua explicação não satisfez o Abençoado. Então, o Venerável Ānanda disse ao Abençoado: "Agora é o tempo para isso, Abençoado! Agora é o tempo para isso, Afortunado! Deixe o Abençoado falar sobre a exploração interior. Ao ouvirem dele, os monges a reterão na mente". – "Nesse caso, Ānanda, ouça e preste bem atenção. Eu falarei". – "Sim, Bhante", aqueles monges responderam. O Abençoado disse:

"Aqui, monges, quando envolvidos em exploração interior, um monge explora assim: 'Os muitos tipos diferentes de sofrimento que surgem no mundo [encabeçados pelo] envelhecimento-e-morte: qual é a causa desse sofrimento, sua origem, sua gênese, sua fonte? Quando ao que existe devém envelhecimento-e-morte? Quando ao que não existe não devém envelhecimento-e-morte?'

"Enquanto está explorando, ele sabe isto: 'Os muitos tipos diferentes de sofrimento que surgem no mundo [encabeçados pelo] envelhecimento-e-morte: esse sofrimento tem a aquisição como sua causa, origem, gênese e fonte[73]. Quando há aquisição, devém envelhecimento-e-morte; quando não há aquisição, não devém envelhecimento-e-morte'.

"Ele compreende envelhecimento-e-morte, sua origem, cessação e o caminho que vai em conformidade com sua cessação. Ele pratica desse modo e age de acordo com o dhamma. Esse é chamado um monge que está praticando para a destruição completa do sofrimento, para a cessação do envelhecimento-e-morte.

---

73. *Upadhinidānaṃ upadhisamudayaṃ upadhijātikaṃ upadhipabhavaṃ*. Spk II 119 explica *upadhi*, aqui, como os cinco agregados (*khandhapañcakaṃ h'ettha upadhīti adhippetaṃ*).

“Então, envolvendo-se em mais exploração interior, explora assim: ‘Qual é a causa dessa aquisição, qual é sua origem, gênese, fonte? Quando ao que existe devém a aquisição; quando ao que não existe não devém a aquisição?’

“Enquanto está explorando, conhece assim: ‘A aquisição tem o anseio como sua causa, origem, gênese, fonte. Quando há anseio, a aquisição devém; quando não há anseio, a aquisição não devém’.

“Ele compreende a aquisição, sua origem, cessação e o caminho que vai em conformidade com sua cessação. Ele pratica desse modo e age de acordo com o dhamma. Esse é chamado um monge que está praticando para a destruição completa do sofrimento, para a cessação da aquisição.

“Então, envolvendo-se mais na exploração interior, explora assim: ‘De onde surge esse anseio? Onde ele é mitigado?’

“Enquanto explora, compreende assim: ‘O que quer que no mundo tenha uma natureza prazerosa e agradável: aqui, esse anseio surge; aqui, é mitigado’.

“E o que no mundo tem uma natureza prazerosa e agradável? O olho tem uma natureza prazerosa e agradável; aqui, esse anseio surge; aqui, é mitigado. O ouvido… o nariz… a língua… o corpo… a mente têm uma natureza prazerosa e agradável; aqui, esse anseio surge; aqui, é mitigado.”

[2. Aqueles não livres do sofrimento]

“Monges, no passado, toda vez que os ascetas e brâmanes consideravam coisas prazerosas e agradáveis do mundo como permanentes, como felicidade, como si-mesmo, como saudáveis, como seguras: eles aumentavam o anseio. Os que aumentavam o anseio aumentavam a aquisição. Os que aumentavam a aquisição aumentavam o sofrimento. Os que aumentavam o sofrimento não estavam livres do nascimento, envelhecimento e morte, da tristeza, da lamentação, da dor, do desânimo e da infelicidade. ‘Não se libertavam do sofrimento’, eu digo.

“No futuro, toda vez que os ascetas e brâmanes considerarem coisas prazerosas e agradáveis do mundo como permanentes, como felicidade, como si-mesmo, como saudáveis, como seguras: eles aumentarão o anseio. Os que aumentarem o anseio aumentarão a aquisição. Os que aumentarem a aquisição aumentarão o sofrimento. Os que aumentarem o sofrimento não estarão livres do nascimento, envelhecimento e morte, da tristeza, da lamentação, da dor, do desânimo e da infelicidade. ‘Não se libertarão do sofrimento’, eu digo.

“No presente, também, toda vez que os ascetas e brâmanes consideram coisas prazerosas e agradáveis do mundo como permanentes, como felicidade, como si-mesmo, como saudáveis, como seguras: eles aumentam o anseio. Os que aumentam o anseio aumentam a aquisição. Os que aumentam a aquisição aumentam o sofrimento. Os que aumentam o sofrimento não estão livres do nascimento, envelhecimento e morte, da tristeza, da lamentação, da dor, do desânimo e da infelicidade. ‘Não estão livres do sofrimento’, eu digo.

"Suponham, monges, que houvesse uma bebida que tivesse uma ótima cor, fragrância e sabor, mas estivesse misturada com veneno. Então, um homem poderia vir, oprimido e afligido pelo calor, cansado, sedento e desidratado. As pessoas poderiam lhe dizer: 'Bom homem, essa bebida tem uma ótima cor, fragrância e sabor, mas está misturada com veneno. Beba dela se quiser. Se a beber, ficará satisfeito com sua cor, fragrância e sabor, mas, por conta disso, experienciará morte ou sofrimento letal'. Repentina e irrefletidamente, ele a beberia – não a renunciaria – e, por conta disso, experienciaria morte ou sofrimento letal.

"Do mesmo modo, monges, no passado... no futuro... no presente, toda vez que os ascetas e brâmanes consideram coisas prazerosas e agradáveis do mundo como permanentes, como felicidade, como si-mesmo, como saudáveis, como seguras: eles aumentam o anseio. Os que aumentam o anseio aumentam a aquisição. Os que aumentam a aquisição aumentam o sofrimento. Os que aumentam o sofrimento não estão livres do nascimento, envelhecimento e morte, da tristeza, da lamentação, da dor, do desânimo e da infelicidade. 'Não estão livres do sofrimento', eu digo."

[3. Aqueles livres do sofrimento]

"Mas, monges, toda vez que, no passado, os ascetas e brâmanes consideravam coisas prazerosas e agradáveis do mundo como impermanentes, como sofrimento, como não-si-mesmo, como não saudáveis, como perigosas: eles abandonaram o anseio. Os que abandonaram o anseio abandonaram a aquisição. Os que abandonaram a aquisição abandonaram o sofrimento. Os que abandonaram o sofrimento estão livres do nascimento, envelhecimento e morte, da tristeza, da lamentação, da dor, do desânimo e da infelicidade. 'Estão livres do sofrimento', eu digo."

"No futuro, também, toda vez que os ascetas e brâmanes considerarem coisas prazerosas e agradáveis do mundo como impermanentes, como sofrimento, como não-si-mesmo, como não saudáveis, como perigosas: eles abandonarão o anseio. Os que abandonarem o anseio... 'Estarão livres do sofrimento', eu digo.

"No presente, também, toda vez que os ascetas e brâmanes consideram coisas prazerosas e agradáveis do mundo como impermanentes, como sofrimento, como não-si-mesmo, como não saudáveis, como perigosas: eles abandonam o anseio. Os que abandonam o anseio... 'Estão livres do sofrimento', eu digo.

"Suponham, monges, que houvesse uma bebida que tivesse uma ótima cor, fragrância e sabor, mas estivesse misturada com veneno. Então, um homem poderia vir, oprimido e afligido pelo calor, cansado, sedento e desidratado. As pessoas poderiam lhe dizer: 'Bom homem, essa bebida tem uma ótima cor, fragrância e sabor, mas está misturada com veneno. Beba dela se quiser. Se a beber, ficará satisfeito com sua cor, fragrância e sabor, mas, por conta disso, experienciará morte ou sofrimento letal'.

"Então, ocorreria a esse homem: 'Posso matar minha sede com água, soro de leite, mingau ou sopa, mas não deveria tomar essa bebida, que me prejudicaria e me faria sofrer por um longo tempo'. Tendo refletido, não tomaria a bebida, mas a renunciaria, e, por conta disso, não experienciaria morte ou sofrimento letal.

"Do mesmo modo, monges, no passado… no futuro… no presente, toda vez que os ascetas e brâmanes consideram coisas prazerosas e agradáveis do mundo como impermanentes, como sofrimento, como não-si-mesmo, como não saudáveis, como perigosas: eles abandonam o anseio. Os que abandonam o anseio abandonam a aquisição. Os que abandonam a aquisição abandonam o sofrimento. Os que abandonam o sofrimento estão livres do nascimento, envelhecimento e morte, da tristeza, da lamentação, da dor, do desânimo e da infelicidade. 'Estão livres do sofrimento', eu digo."

5
O CAMINHO E A VIA
AS PRÁTICAS QUE LEVAM AO FIM DO SOFRIMENTO

INTRODUÇÃO

Como ignorância e anseio são as raízes subjacentes do dukkha, segue-se que, para atingir a cessação do dukkha, ignorância e anseio devem ser extraídos. Removê-los é a tarefa do caminho. Em seu primeiro discurso, o Buda descreveu o nobre caminho óctuplo como "a via para a cessação do sofrimento". Contudo, embora o nobre caminho óctuplo seja o programa mais conhecido de prática para atingir do fim do dukkha, os suttas oferecem vários conjuntos de fatores, parcialmente correspondentes ao caminho óctuplo, como formulações alternativas da via para o atingimento do objetivo.

Esses estão agrupados em sete conjuntos abrangendo um total de trinta e sete constituintes:

- os quatro estabelecimentos da atenção plena (*cattāro satipaṭṭhānā*)
- os quatro tipos de esforço (*cattāro sammappadhānā*)
- as quatro bases para a potência espiritual (*cattāro iddhipādā*)
- as cinco faculdades (*pañc'indriyāni*)
- os cinco poderes (*pañca balāni*)
- os sete fatores da iluminação (*satta bojjhaṅgā*)
- o nobre caminho óctuplo (*ariya aṭṭhaṅgika magga*)

Os sete conjuntos estão estritamente entrelaçados, e, portanto, um único fator pode aparecer múltiplas vezes entre diferentes grupos na lista. A atenção plena, por exemplo, aparece nos quatro estabelecimentos da atenção plena; uma vez mais como uma faculdade, poder e fator de iluminação; e mais uma vez como atenção plena correta no caminho óctuplo. A energia aparece como os quatro esforços corretos; como uma base para a potência espiritual; como uma faculdade, poder e fator de iluminação; e como esforço no caminho óctuplo. Concentração e sabedoria, também, aparecem em vários conjuntos, com a segunda sob diferentes designações: com investigação (*vīmaṃsā*) entre as bases para a potência espiritual, como discriminação de fenômenos (*dhammavicaya*) entre os fatores de iluminação, e como visão correta (*sammādiṭṭhi*) no nobre caminho óctuplo.

Os diferentes conjuntos foram provavelmente concebidos para satisfazer atitudes e inclinações de diferentes praticantes. O Mahāvagga, o último volume do Saṃyutta Nikāya, contém capítulos separados em cada um desses grupos. Como a inclusão dos suttas de cada grupo teria aumentado excessivamente o presente capítulo, selecionei suttas de apenas três grupos considerando-os suficientemente representativos da coleção inteira. Também mudei a ordem de apresentação, invertendo, com efeito, a ordem na qual aparecem no Mahāvagga. Coloco os quatro estabelecimentos da atenção plena primeiro, considerando-a a prática contemplativa fundamental. Após esses, continuo com os sete fatores de iluminação e, então, com o nobre caminho óctuplo.

Essa mudança pode ser justificada pelo fato de que a atenção plena – desenvolvida pelos quatro estabelecimentos da atenção plena – serve como o primeiro fator de iluminação, do qual os outros seis emergem, culminando no fator de iluminação da equanimidade. Os sete fatores de iluminação poderiam ser vistos ou como engendrando o nobre caminho óctuplo que transcende o mundo ou como um curso alternativo de desenvolvimento complementar para o caminho óctuplo, e parcialmente se sobrepondo a ele.

Antes de descrever esses grupos individualmente, devo prevenir contra um equívoco comum. Muitas vezes se assume que os trinta e sete auxílios para a iluminação – particularmente o nobre caminho óctuplo – abrange a totalidade da prática budista, que todas as recomendações para o bem-estar ensinadas pelo Buda podem se encaixar nessa estrutura. Contudo, esse não é o caso. Os trinta e sete auxílios são o conjunto de fatores necessários para atingir o objetivo último do dhamma, o bem supremo entre os três objetivos do ensinamento. Eles são as práticas que "guiam para ir da margem próxima para a distante" (*apārā pāraṃ gamanāya saṃvattanti*, SN 45:34), mas o Buda ofereceu muitas práticas condutivas para a felicidade e o bem-estar para aqueles contentes em permanecer vivendo na "margem próxima", que buscam o bem temporal em vez do bem final. Essas incluem as qualidades exaltadas no Maṅgala Sutta (Sn 265-269) como generosidade, reverência, humildade, contentamento, gratidão e paciência. Elas incluem práticas enraizadas na fé e na devoção, com as seis lembranças (ver AN 6:10; AN 6:25). E incluem os quatro estados imensuráveis e os quatro meios de sustentar uma relação salutar[74]. Todas essas qualidades e virtudes podem ser consideradas a base para o bem-estar moral e psicológico e prerrequisitos para a realização de transcendência do mundo, mas, em si, não são suficientes para levar ao atingimento do objetivo supremo. Isso requer o poder concertado de tranquilidade e *insight*, concentração e sabedoria, que emergem pelo desenvolvimento dos trinta e sete auxílios para a iluminação.

---

74. Os quatro imensuráveis (*appamaññā*), também conhecidos como os *brahmavihāras*, são bondade amorosa sem limite, compaixão, alegria altruísta e equanimidade (ver DN 13, MN 7, MN 40 etc.). Os quatro meios de sustentar uma relação (*saṅgahavatthu*) são doação, fala agradável, conduta benéfica e igualdade de tratamento (ver AN 4:32, AN 9:5 etc.).

Os quatro estabelecimentos da atenção plena

A fonte textual básica para os quatro estabelecimentos da atenção plena é o *Satipaṭṭhāna Sutta*, que ocorre duas vezes nos Nikāyas: em uma versão mais concisa como MN 10 (provavelmente mais original) e em uma versão expandida como DN 22. O segundo difere do primeiro somente ao fornecer definições detalhadas das quatro nobres verdades.

A expressão *satipaṭṭhāna* é usualmente traduzida como "fundação da atenção plena", na suposição de que o composto é formado a partir de *sati*, "atenção plena", e *paṭṭhāna*, compreendida como uma base ou apoio, por isso "fundação". Contudo, embora essa interpretação seja possível, é mais provável que o termo seja um composto de *sati* e *upaṭṭhāna*, "estabelecendo". Nesse caso, a tradução de "estabelecimento da atenção plena", que adotei, seria mais acurada.

Os quatro *satipaṭṭhāna* são contemplação do corpo, das sensações, da mente e dos *dhammas*, uma palavra que traduzo um tanto inadequadamente com "fenômenos". Como os suttas no Satipaṭṭhānasaṃyutta não explicam os quatro estabelecimentos da atenção plena, uma breve visão geral desse esquema quádruplo, baseado no *Satipaṭṭhāna Sutta*, justifica-se aqui.

Das quatro contemplações, a do corpo está relacionada ao lado material da existência; a segunda e a terceira, com o lado mental; e a última, com a exploração da experiência com uma variedade de ângulos, todos orientados para o objetivo do ensinamento. As quatro se desenvolvem em uma sequência definida. Começando com o corpo como o mais pesado, passam pela contemplação das sensações e da mente e culminam na última, a contemplação dos fenômenos, que é a mais sutil.

Considera-se que a contemplação do corpo (*kāyānupassanā*) envolva quatorze exercícios, mas como os últimos nove são meras variações de um único tema, equivalem efetivamente a seis. O primeiro é *atenção plena da respiração*. Para realizar essa prática, a pessoa coloca o processo natural de respirar sob as lentes da observação atenta. Ao respirar naturalmente, a pessoa foca a respiração, distinguindo as duas fases de inspirar e expirar. A chave para a prática inteira é expressa sucintamente na declaração do Buda: "Assim como a pessoa atenta inspira, a pessoa atenta expira". A consciência da respiração atravessa as complexidades do pensamento discursivo, tirando novamente a mente de sua deambulação e a ancorando no presente. Enquanto a prática avança, a pessoa verifica se a respiração é longa ou curta; então, experiencia o corpo inteiro ao inspirar e expirar atentamente; e, então, enquanto inspira e expira atentamente, acalma os processos corporais.

O próximo exercício é *atenção plena das posturas*, que estende a atenção plena a todas as posturas: caminhar, ficar de pé, sentar e deitar, e para a mudança de uma postura para a outra. A contemplação das posturas ilumina a natureza impessoal do corpo, revelando-o como uma configuração da matéria viva sujeita à influência direcionadora da volição.

O próximo exercício, chamado *atenção plena* e *compreensão clara*, aplica a atenção plena às diversas atividades da vida diária. A compreensão clara é mencionada em relação aos quatro *satipaṭṭhāna*, em que serve como uma companheira inseparável da atenção plena, mas é por vezes separada como uma prática distinta por si, como em 5.1.2. Nesses casos, diz-se que a pessoa deveria levar a compreensão clara para as atividades familiares da vida cotidiana: caminhar, olhar à volta, dobrar e alongar os membros, vestir-se, comer, falar, ir ao banheiro, e assim por diante. Poderíamos supor que no desenvolvimento meditativo da atenção plena, a compreensão clara está sempre presente como um pano de fundo, enquanto, na realização das tarefas diárias, a compreensão clara avança para o primeiro plano, com a atenção plena agora relegada a um papel de apoio.

Os próximos dois exercícios são contemplações analíticas da natureza real do corpo. A primeira é a meditação sobre *a impureza do corpo*, proposta como o antídoto direto à luxúria sensual. Nesse exercício, a pessoa contempla a constituição anatômica do corpo, dissecando mentalmente sua constituição anatômica em seus componentes para lançar luz à sua natureza não atrativa. O *sutta* menciona trinta e uma partes corporais, que incluem vários órgãos, tecidos e fluidos corporais. Nas últimas versões, o número aumenta para trinta e dois, com a adição do cérebro.

A outra contemplação analítica é a meditação sobre *os quatro elementos físicos*, destinada a contrapor a tendência inata de nos identificarmos com o corpo e a considerá-lo "eu" e "meu". O exercício prossegue pela dissecção mental do corpo em quatro elementos básicos, referidos como terra, água, fogo e ar. Ao ter analisado o corpo nos quatro elementos, a pessoa então considera todos essencialmente idênticos às suas contrapartes externas. Isso expõe a natureza impessoal do corpo e remove a base para tomá-lo como "eu" e "meu".

O último exercício na atenção plena do corpo é uma série de nove *contemplações carnais básicas*, meditações sobre a desintegração do corpo após a morte. Como é difícil hoje observar a desintegração corporal pessoalmente, essa pode ser praticada imaginativamente ou com o auxílio de figuras. O objetivo desse exercício não é incitar uma fascinação mórbida por morte e cadáveres, mas separar nosso apego instintivo ao corpo revelando sua transiência inexorável.

O segundo estabelecimento da atenção plena é a contemplação da sensação (*vedanānupassanā*), na qual a palavra "sensação" não se refere a emoção, mas ao tom afetivo básico da experiência, seja prazerosa, dolorosa ou neutra. A sensação é de importância especial como um objeto de contemplação porque serve como alimento para as impurezas latentes. A sensação prazerosa nutre a ganância e o vínculo, a sensação dolorosa provoca aversão, e a sensação neutra sustenta a ilusão, que se manifesta como apatia e complacência. A ligação entre sensações e as impurezas não é inevitável, mas pode ser cortada trazendo-se sensações surgidas na série da atenção plena e examinando sua natureza transiente, a tarefa da sabedoria.

O terceiro estabelecimento da atenção plena é a contemplação da mente (*cittānupassanā*), que envolve observar estados surgidos da mente. Sob essa contemplação, o Buda menciona dezesseis estados mentais agrupados em oito pares: a mente com e sem luxúria; com e sem aversão; com e sem ilusão; a mente restrita e dispersa; a mente desenvolvida e a não desenvolvida; a mente superável e a insuperável; a mente concentrada e a não concentrada; e a mente livre e a limitada. Uma vez mais, ver a mudança ininterrupta dos estados mentais traz à luz a impermanência da mente.

O estabelecimento final da atenção plena é a contemplação dos fenômenos (*dhammānupassanā*), a mais complexa e diversa das quatro bases da atenção plena. Aqui, a palavra *dhamma* se refere a grupos de fenômenos organizados de formas que refletem o movimento e objetivo do ensinamento do Buda. Os cinco grupos mencionados são: os cinco impedimentos, os cinco agregados, os seis pares de bases sensíveis, os sete fatores de iluminação, e as quatro nobres verdades. Os cinco impedimentos são os obstáculos ao entendimento, enquanto os sete fatores de iluminação são as qualidades que conduzem à realização. Os agregados e as bases sensíveis oferecem diferentes versões do campo fenomenológico, que deve ser explorado com *insight*, enquanto as quatro nobres verdades constituem a esfera do próprio entendimento.

Uma pessoa primeiro supera os cinco impedimentos. Uma vez que esses estão fora do caminho, a pessoa embarca na contemplação da experiência, fazendo-o a partir de uma destas perspectivas: pela via dos cinco agregados ou dos seis pares de bases sensíveis internas e externas. Por meio dessa contemplação os sete fatores de iluminação surgem e se fortalecem. Quando os sete fatores atingem a maturidade, florescem no entendimento direto das *quatro nobres verdades*: as verdades do sofrimento, sua origem, cessação e o caminho. É esse entendimento que erradica as impurezas e traz a libertação do dukkha.

Em 5.1.1, como no *Satipaṭṭhāna Sutta*, o Buda descreve os quatro estabelecimentos da atenção plena como *ekāyana magga*. A expressão por vezes foi traduzida como "a via exclusiva" ou "a via única", mas parece improvável que esse seja o significado original. Literalmente, a expressão significa "caminho de uma ida" ou "caminho de uma via". Considero esse como significando um caminho indo em uma direção – ou seja, indo diretamente para as destinações que seguem, da "purificação dos entes" pelo "entendimento do nibbāna". O caso dativo, que pode significar o objetivo de movimento, é usado para essas expressões na declaração de abertura, e pode ser citado como apoio para minha interpretação.

A fórmula que descreve a prática mostra que os praticantes não devem ser apenas atentos, mas também "ardentes" (*ātāpī*), o que representa o fator de energia ou intento, e "compreender claramente" (*sampajāno*), o que sugere sabedoria emergente. Além disso, para o intento suceder, a pessoa também deve remover – ou ter intenção de remover – "anseio e desânimo" em relação às condições mundanas. Esses estados correspondem aproximadamente aos primeiros dois impedimentos, e, assim, sua remoção aponta para a emergência da concentração.

O cultivo da atenção plena é quase invariavelmente combinado a *sampajañña*, que traduzo como "compreensão clara". Outros traduziram esse termo como "consciência plena" ou "prontidão". A palavra está baseada na raiz *ñā*, que significa "saber", com dois prefixos, *sam-* e *pa-*. Embora um exercício separado enfatizando a compreensão clara seja incluído na contemplação do corpo, esse fator entra em cada uma das quatro contemplações e é, portanto, uma parte invariável da prática. A fórmula padrão para os estabelecimentos da atenção plena diz que o mediador envolvido em cada uma das quatro contemplações deveria ser "compreender claramente" (*sampajāno*), que exige que a clara compreensão seja integral ao processo inteiro iniciado pela atenção plena.

Os suttas selecionados para este capítulo não fornecem uma explicação detalhada dos quatro estabelecimentos da atenção plena, mas, em vez disso, destacam contextos diferentes para a prática. Assim, 5.1.3 declara que os quatro devem ser adotados por monásticos em diferentes estágios de maturidade – noviços, aprendizes e arahants – cada um para um propósito diferente. É importante que nos primeiros dois casos o cultivo da atenção plena contribui para o surgimento do *insight* ou compreensão; não pertence meramente ao desenvolvimento da concentração, como é por vezes afirmado. Em 5.1.5 encontramos a história da grave doença do Buda, uma narrativa também encontrada no *Mahāparinibbāna Sutta* (DN 16, em II 98-101). Consciente de que seu fim se aproximava, suprimiu a doença e instruiu os monges a serem ilhas e refúgios para si, o que podem fazer praticando os quatro estabelecimentos da atenção plena. O texto 5.1.8 mostra que os quatro estabelecimentos da atenção plena deveriam ser cultivados mesmo em tempos de doença; quem profere o discurso é uma pessoa leiga que no fim se proclama uma não retornante. Vários suttas oferecem símiles memoráveis: o macaco que vagueia fora de seu domínio e fica preso na cola do caçador (5.1.4); os acrobatas que protegem um ao outro (5.1.6); e o homem ordenado a carregar uma tigela de óleo através de uma multidão tumultuosa sob ameaça de decapitação (5.1.7).

Os sete fatores de iluminação

Propriamente cultivados, os quatro estabelecimentos da atenção plena dão origem naturalmente aos sete fatores da iluminação, que começa com o fator da atenção plena. A fórmula padrão para o fator de iluminação diz, com relação a cada um, que é "baseado na reclusão, na imparcialidade, na cessação, encaminhando-se para a renúncia"[75]. Podemos ver os termos "reclusão, imparcialidade e cessação" como representando o objetivo a que a pessoa aspira quando adota a prática, e "se encaminhando para a renúncia" como indicando a capacidade inerente desses fatores de culminarem nesse objetivo.

Em 5.2.4 o Buda explica que esses sete fatores de iluminação são chamados assim porque levam à iluminação. Embora pareça óbvio, a explicação é interessante porque a tradição de comentários assume os sete *bojjhaṅgā* como os *constituintes* básicos da experiência de iluminação em vez de os fatores que levam a ela. Contudo, aqui, são consideradas as qualidades que levam à iluminação.

---

75. *Vivekanissitaṃ virāganissitaṃ nirodhanissitaṃ vossaggapariṇāmiṃ.*

Essa interpretação é confirmada por 5.2.3, que mostra como os sete fatores se desenvolvem em uma sequência escalonada, cada um chegando à proeminência quando seu predecessor atinge um grau suficiente de força. O texto 5.2.5 destaca uma vez mais o papel instrumental dos fatores de iluminação, bem como seu lugar na sequência desenvolvimental da prática. Os sete fatores culminam em "conhecimento claro e libertação"; não constituem conhecimento claro como tal. Os sete fatores, por sua vez, surgem por meio do desenvolvimento dos quatro estabelecimentos da atenção plena, que depende dos três tipos de boa conduta, que, por sua vez, exigem o exercício de restrição sensível.

Os sete fatores de iluminação são, por vezes pareados em uma relação antitética com os cinco impedimentos, os obstáculos ao progresso. O texto 5.2.2 explica primeiro os "nutrientes" para os cinco impedimentos, que devem ser superados "privando-os de alimento"; depois, explica os nutrientes para os sete fatores de iluminação, as coisas que propriamente os nutrem. Embora não seja expressamente mencionado nos suttas, essa postulação de uma relação condicional entre os dois conjuntos e seus nutrientes respectivos ilustra outra aplicação do princípio de condicionalidade que subjaz a originação dependente. Ao compreender como os impedimentos surgem e se desenvolvem por meio de seus nutrientes, uma pessoa sabe removê-los pela retirada das condições que os sustêm. Ao compreender como os fatores de iluminação crescem e prosperam por meio de seus nutrientes, a pessoa sabe como os fortalecer e satisfazer.

Esse ponto é reforçado por 5.2.7, que clarifica os tipos de habilidades requeridas no cultivo dos sete fatores de iluminação. Esses estão divididos aqui em dois grupos: três fatores incitantes e três fatores calmantes. Como mostrado pelo símile do acendimento e da extinção de um fogo, uma pessoa mediadora proficiente deve saber as ocasiões corretas para desenvolve os fatores apropriados. Há ocasiões em que os fatores incitantes deveriam ser cultivados, mas não os calmantes. E há outras ocasiões em que esses deveriam ser cultivados, mas os outros não. Contudo, atenção plena não cai em grupo algum, pois, como o texto diz, é útil em toda parte.

O nobre caminho óctuplo

A terceira divisão desse capítulo introduz o nobre caminho óctuplo. Aqui, 5.3.3 fornece definições formais dos fatores de caminho individual. Dessas definições, pode ser visto que o caminho possui um escopo maior do que os fatores de iluminação. Embora o segundo esquema opere quase inteiramente no domínio da prática meditativa, o caminho óctuplo inclui um fator cognitivo, a visão correta; um fator motivacional, a intenção correta; e três fatores éticos: fala correta, ação correta e subsistência correta. Todos esses precedem e apoiam os três fatores meditativos – esforço correto, atenção plena correta e concentração correta – embora, quando o caminho chega à maturidade, todos os oito operem em uníssono.

Os suttas do Maggasaṃyutta anexam duas descrições alternativas a cada fator de caminho. Uma é fórmula "baseada na reclusão", também usada em relação aos fatores de iluminação. O outro descreve cada fator de caminho como "culminando na remoção da luxúria, do ódio, da ilusão"[76]. Muitas vezes, nessa compilação, aparecem versões duplicadas de um sutta, diferindo somente na descrição que anexam aos fatores do caminho. Uma versão descreve os fatores com a fórmula "baseada na reclusão"; a outra, com a fórmula da "remoção da luxúria". Incluí exemplos dessa duplicação aqui em 5.3.5 e em 5.3.6.

Três suttas nessa antologia conectam o caminho óctuplo à boa amizade. Em 5.3.1, o Buda corrige a afirmação de Ānanda segundo a qual a vida espiritual consiste na boa amizade, declarando que a vida espiritual inteira é a boa amizade. Ele prossegue, dizendo que ele é o bom amigo dos entes, quem ajuda a libertá-los do nascimento, do envelhecimento e da morte. Os dois suttas combinados em 5.3.5, que diferem somente na fórmula que anexam aos fatores do caminho, declaram que a boa amizade é a precursora do nobre caminho óctuplo. O penúltimo sutta incluído neste capítulo, 5.3.7, declara que assim como não se pode fazer com que o Rio Ganges, que corre para o leste, corra para o oeste, um monge que tomou o nobre caminho óctuplo não pode ser persuadido a abandonar o treinamento e voltar à vida ordinária. Com uma certeza de direção como o Ganges, o caminho óctuplo leva o ardente discípulo irreversivelmente para o nibbāna.

Esse mesmo tema é retomado no texto final deste capítulo, um composto dos dez suttas que constituindo o *Oghavagga*, que explica o propósito de cultivar o nobre caminho óctuplo para ser o conhecimento direto, compreensão plena, destruição e abandono dos diferentes grupos de contaminação mencionados em outra parte nos Nikāyas.

1. Os quatro estabelecimentos da atenção plena

1. Ambapālisutta

Ambapālī (SN 47:1; V 141)

Assim, eu ouvi. Em uma ocasião, o Abençoado estava vivendo em Vesālī no Bosque de Ambapālī. Lá, ele disse: "Esse, monges, é um caminho que vai numa direção, para a purificação dos entes, para a superação da tristeza e da lamentação, para o fenecimento da dor e do desânimo, para a conquista do método, para o entendimento do nibbāna – ou seja, os quatro estabelecimentos da atenção plena[77].

"Quais quatro? Aqui, um monge vive contemplando o corpo no corpo, ardente, compreendendo claramente, atento, tendo removido anseio e desânimo em relação ao mundo; contemplando as sensações nas sensações, ardente, compreendendo claramente, atento, tendo removido anseio e desânimo em relação ao mundo; contemplando a mente na mente, ardente, compreendendo claramente, atento, tendo removido

76. Rāgavinayapariyosānaṃ dosavinayapariyosānaṃ mohavinayapariyosānaṃ.

77. Em "um caminho indo em uma direção" (*ekāyana magga*), ver p. 122-123. Spk III 177 diz que é chamado assim porque "não é um caminho bifurcado" (*na dvedhāpathabhūto*). Identifica "o método" (*ñāya*) com o nobre caminho óctuplo. Para meu sumário sobre o conteúdo dos quatro estabelecimentos da atenção plena, ver p. 120-122.

anseio e desânimo em relação ao mundo; contemplando os fenômenos nos fenômenos, ardente, compreendendo claramente, atento, tendo removido anseio e desânimo em relação ao mundo.

"Esse, monges, é o caminho que leva em uma direção, para a purificação dos entes, para a superação da tristeza e da lamentação, para o fenecimento da dor e do desânimo, para a conquista do método, para o entendimento do nibbāna – ou seja, os quatro estabelecimentos da atenção plena."

2. Satisutta

Atenção plena (SN 47:2; V 142)

"Monges, um monge deve viver atento e compreendendo claramente. Essa é nossa instrução para vocês. E como, monges, um monge é atento? Aqui, um monge vive contemplando o corpo no corpo, ardente, compreendendo claramente, atento, tendo removido anseio e desânimo em relação ao mundo; contemplando as sensações nas sensações… a mente na mente… os fenômenos nos fenômenos, ardente, compreendendo claramente, atento, tendo removido anseio e desânimo em relação ao mundo. Assim, um monge é atento.

"E como, monges, um monge compreende claramente? Aqui, saindo e voltando, um monge é aquele que atua com compreensão clara; olhando para a frente e para o lado, é aquele que age com compreensão clara; ao se dobrar e se alongar, é aquele que age com compreensão clara; ao vestir a capa e o manto e [segurar] a tigela, é aquele que age com compreensão clara; ao comer, beber, mastigar e degustar, é aquele que age com compreensão clara; ao defecar e urinar, é aquele que age com compreensão clara; ao ir, ficar de pé, sentar-se, ir dormir, caminhar, falar, ficar em silêncio, é aquele que age com compreensão clara. Assim, um monge é aquele que age com compreensão clara.

"Monges, um monge deve viver atento e compreendendo claramente. Essa é nossa instrução para vocês."

3. Sālasutta

At Sāla (SN 47:4; V 144-145)

[1. Juniores]

"Monges, aqueles monges que são juniores, que não se desenvolveram muito, que recentemente chegados a esse dhamma e disciplina, devem ser encorajados, assentados e estabelecidos por vocês no desenvolvimento dos quatro estabelecimentos da atenção plena.

"Quais quatro? 'Venham, amigos, vivam contemplando o corpo no corpo, ardentes, compreendendo claramente, unificados, com mentes tranquilas, concentrados, com mentes dirigidas a um ponto, para conhecimento do corpo como realmente é; contemplando as sensações nas sensações, ardentes, compreendendo claramente, unificados, com mentes tranquilas, concentrados, com mentes dirigidas a um ponto, para conhecimento das sensações como realmente são; contemplando a mente na mente, ardentes, compreendendo claramente, unificados, com mentes tranquilas, concentrados, com mentes dirigidas a um ponto, para conhecimento da mente como realmente é; contemplando os fenômenos nos fenômenos, ardentes, compreendendo claramente, unificados, com mentes tranquilas, concentrados, com mentes dirigidas a um ponto, para conhecimento dos fenômenos como realmente são'."

[2. Aprendizes]

"Monges, aqueles monges que são aprendizes[78], que não atingiram o ideal de sua mente, que vivem ansiando pela segurança inigualável dos vínculos, também vivem contemplando o corpo no corpo, ardentes, compreendendo claramente, unificados, com mentes tranquilas, concentrados, com mentes dirigidas a um ponto, para conhecimento pleno do corpo; contemplando as sensações nas sensações, ardentes, compreendendo claramente, unificados, com mentes tranquilas, concentrados, com mentes dirigidas a um ponto, para conhecimento pleno das sensações; contemplando a mente na mente, ardentes, compreendendo claramente, unificados, com mentes tranquilas, concentrados, com mentes dirigidas a um ponto, para conhecimento pleno da mente; contemplando os fenômenos nos fenômenos, ardentes, compreendendo claramente, unificados, com mentes tranquilas, concentrados, com mentes dirigidas a um ponto, para conhecimento pleno dos fenômenos."

[3. Arahants]

"Monges, aqueles monges que são arahants, cujos influxos são destruídos, que viveram a vida espiritual, fizeram o que tinha de ser feito, diminuíram o fardo, conquistaram seu bem, destruíram completamente as restrições da existência, e são completamente libertados pelo conhecimento final, eles também vivem contemplando o corpo no corpo, ardentes, compreendendo claramente, unificados, com mentes tranquilas, concentrados, com mentes dirigidas a um ponto, desprendidas do corpo; contemplando as sensações nas sensações, ardentes, compreendendo claramente, unificados, com mentes tranquilas, concentrados, com mentes dirigidas a um ponto, desprendidas das sensações; contemplando a mente na mente, ardentes, compreendendo claramente, unificados, com mentes tranquilas, concentrados, com mentes dirigidas a um ponto, desprendidas da mente; contemplando os fenômenos nos fenômenos, ardentes, compreendendo claramente, unificados, com mentes tranquilas, concentrados, com mentes dirigidas a um ponto, desprendidas dos fenômenos.

"Monges, aqueles monges juniores, que não se desenvolveram muito, que recentemente chegados a esse dhamma e disciplina, devem ser encorajados, assentados e estabelecidos por vocês no desenvolvimento desses quatro estabelecimentos da atenção plena."

---

78. Tecnicamente, o aprendiz (*sekha*) é aquele que entrou no caminho irreversível do nibbāna, mas ainda não atingiu o objetivo. Abrange sete classes de discípulos nobres: aqueles nos quatro caminhos – para a entrada na corrente, retornado uma vez, não-retornado e condição de arahant – e aqueles que atingiram os três frutos inferiores. O arahant, que atingiu o quarto fruto, é chamado *asekha*, "aquele que não está em treinamento, aquele que terminou o treinamento".

4. Makkaṭasutta

O macaco (SN 47:7; V 148-149)

"Monges, há lugares irregulares intransitáveis no Himalaia, o rei das montanhas, que não são próprios para serem percorridos por macacos ou por entes humanos. Há lugares irregulares intransitáveis no Himalaia, o rei das montanhas, que são próprios para serem percorridos por macacos, mas não por entes humanos. No Himalaia, o rei das montanhas, há inclusive regiões que são agradáveis, próprias para serem percorridas tanto por macacos como por entes humanos. Lá, caçadores colocam cola nas trilhas dos macacos para os capturar.

"Quando macacos sábios e cautelosos veem essa cola, evitam-na de longe. Mas um macaco tolo e frívolo se aproxima dessa cola e a pega com a mão; fica grudado ali. Pensando: 'Vou livrar minha mão', segura-a com sua outra mão; fica grudado ali. Pensando: 'Vou livrar ambas as mãos', segura-a com seu pé; fica grudado ali. Pensando: 'Vou livrar ambas as mãos e o pé', segura-os com seu outro pé; fica grudado ali. Pensando: 'Livrarei ambas as mãos e pés', segura-os com seu focinho; fica grudado ali.

"Assim, esse macaco, preso em cinco lugares, fica lá gritando. Ele incorreu na infelicidade, no desastre, e o caçador pode fazer com ele o que desejar. Tendo-o atingido com uma lança, o caçador o levanta com ela, suspende-o[79] e parte com ele para onde desejar. Isso é o que ocorre àquele que vagueia fora de sua área, no domínio de outros.

"Portanto, monges, não vagueiem fora de sua área, no domínio de outros. Para aqueles que vagueiam fora de sua área, no domínio de outros, Māra obterá uma abertura, uma base.

"Monges, e o que está fora da área de um monge, o domínio de outros? Os cinco objetos do prazer sensual. Quais cinco? Formas cognoscíveis pelo olho que são ansiadas, desejadas, agradáveis, de uma natureza prazerosa, conectadas à sensualidade, tentadoras; sons cognoscíveis pelo ouvido… odores cognoscíveis pelo nariz… sabores cognoscíveis pela língua… objetos táteis cognoscíveis pelo corpo que são ansiados, desejados, agradáveis, de uma natureza prazerosa, conectados à sensualidade, tentadores. Isso está fora da área de um monge, o domínio de outros.

"Vagueiem em sua área, monges, em seu domínio ancestral. Para aqueles que vagueiam em sua área, em seu domínio ancestral, Māra não obterá uma abertura, uma base.

"E o que, monges, é a área de um monge, seu domínio ancestral? Os quatro estabelecimentos da atenção plena. Quais quatro? Aqui, um monge vive contemplando o corpo no corpo, ardente, compreendendo claramente, atento, tendo removido anseio e desânimo em relação ao mundo; contemplando as sensações nas sensações… contemplando a mente na mente… contemplando os fenômenos nos fenômenos, ardente, compreendendo claramente, atento, tendo removido anseio e desânimo em relação

---

79. As leituras em várias edições diferem, e nenhuma é particularmente clara. O texto pode ter sido corrompido aqui; assim, minha tradução é especulativa.

ao mundo; contemplando as sensações nas sensações... contemplando a mente na mente... contemplando os fenômenos nos fenômenos, ardente, compreendendo claramente, atento, tendo removido anseio e desânimo em relação ao mundo. Essa é a área de um monge, seu domínio ancestral."

5. Gilānasutta

Doença (SN 47:9; V 152-154)

[1. O Buda adoece]

Assim, ouvi. Em uma ocasião, o Abençoado estava vivendo em Vesālī, na aldeia Beḷuva. Lá, dirigiu-se aos monges: "Venham, monges, entrem no retiro das chuvas de Vesālī, onde quer que tenham amigos, conhecidos e familiares. Eu mesmo entrarei no retiro das chuvas aqui na aldeia Beḷuva"[80].

"Sim, Bhante", aqueles monges lhe responderam, e entraram no retiro das chuvas em torno de Vesālī, onde quer que tivessem amigos, conhecidos e familiares. Mas o Abençoado entrou no retiro das chuvas lá mesmo na aldeia Beḷuva.

Então, quando entrou no retiro das chuvas, uma terrível aflição lhe acometeu, com dores severas beirando a morte, mas ele as suportou, atento e compreendendo claramente, sem se angustiar.

Então, isto lhe ocorreu: "Não me é próprio atingir o nibbāna final sem ter me dirigido a meus acompanhantes e sem ter me despedido do sangha monástico. Certamente, deveria suprimir esta aflição por meio da energia, determinar-me a manter minha vitalidade, e prosseguir". Então, o Abençoado, tendo suprimido essa doença por meio da energia, tendo se determinado a manter sua vitalidade, prosseguiu.

[2. O desejo de Ānanda]

Então, o Abençoado se recuperou da doença. Pouco depois de sua recuperação, saiu de sua morada e se sentou no assento preparado para ele à sombra dela. Então, o Venerável Ānanda se aproximou dele, prestou-lhe homenagem, sentou-se a seu lado e lhe disse:

"É afortunado para mim, Bhante, que o Abençoado esteja confortável; é afortunado que o Abençoado esteja resistindo; é afortunado que o Abençoado esteja saudável. Contudo, Bhante, devido à doença do Abençoado, meu corpo ficou como que drogado, as direções não me parecem claras, e mesmo os ensinamentos não me ocorrem. Contudo, tive ao menos esta consolação: 'O Abençoado não atingirá o nibbāna final enquanto não tenha pronunciado algo concernente ao sangha monástico'."

---

80. Ao entrar no "retiro das chuvas" (*vassa*), o Buddha se refere à residência de três meses de chuvas, estendendo-se aproximadamente de julho a outubro, quando monásticos param de vagar e permanecem em uma residência fixa.

[3. A resposta do Buda]

"Agora, Ānanda, o que o sangha monástico espera de mim? Ensinei o dhamma sem fazer distinções de um dentro e um fora. O Tathāgata não tem um punho fechado de instrutor com relação aos ensinamentos[81].

"Certamente, Ānanda, aquele que pensa: 'Liderarei o sangha monástico', ou 'O sangha monástico é dependente de mim' – ele certamente poderia pronunciar algo concernente ao sangha monástico. Mas, Ānanda, o Tathāgata não pensa: 'Liderarei o sangha monástico', ou 'O sangha monástico é dependente de mim'. Por que então, Ānanda, o Tathāgata deveria pronunciar algo concernente ao sangha monástico?

"Ora, Ānanda, estou velho, envelhecido, ancião, no fim de minha jornada, no fim da vida. Tenho 80 anos. Ānanda, assim como uma carroça dilapidada continua andando com a ajuda de uma série de tiras, o corpo do Tathāgata continua, por assim dizer, com a ajuda de uma série de tiras.

"Em qualquer ocasião, Ānanda, o Tathāgata, por meio da não atenção a todas as marcas, da cessação de algumas sensações, entra e vive na concentração sem marcas da mente[82], ocasião em que o corpo do Tathāgata está mais confortável."

[4. A instrução do Buda]

"Portanto, Ānanda, vivam com vocês mesmos como uma ilha, como um refúgio, sem outro refúgio, com o dhamma como uma ilha, como um refúgio, sem outro refúgio[83]. E, Ānanda, como um monge vive consigo como uma ilha, como um refúgio, sem outro refúgio, com o dhamma como uma ilha, como um refúgio, sem outro refúgio?

"Aqui, Ānanda, um monge vive contemplando o corpo no corpo, ardente, compreendendo claramente, atento, tendo removido anseio e desânimo em relação ao mundo; contemplando as sensações nas sensações… a mente na mente… os fenômenos nos fenômenos, ardente, compreendendo claramente, atento, tendo removido anseio e desânimo em relação ao mundo. É desse modo, Ānanda, que um monge vive consigo como uma ilha, como um refúgio, sem outro refúgio, com o dhamma como uma ilha, como um refúgio, sem outro refúgio.

---

81. *Anantaraṃ abāhiraṃ*. Spk III 203 explica: "Sem fazer uma distinção de dentro e fora com relação ao ensinamento ou a pessoas. Alguém faz a distinção com relação ao ensino quando pensa: 'Ensinarei isso a outros, mas isso não ensinarei'. Alguém faz isso com relação às pessoas quando pensa: 'Ensinarei a essa pessoa, mas não àquela'. O Buddha não ensinava desse modo. O 'punho fechado do instrutor' (*ācariyamuṭṭhi*) é encontrado entre estrangeiros, que reservam certos ensinamentos para seus pupilos favoritos somente quando estão em seu leito de morte; mas o Buddha não agia assim".

82. *Animittaṃ cetosamādhiṃ*. Spk III 204 identifica isso com o atingimento da fruição (*phalasamāpatti*), a absorção meditativa no nibbāna.

83. *Attadīpā viharatha attasaraṇā anaññasaraṇā, dhammadīpā dhammasaraṇā anaññasaraṇā. Attadīpā viharatha* é muitas vezes traduzido como "ser uma lamparina para vocês". A palavra páli *dīpa* é um homônimo, que pode representar em sânscrito *dvīpa*, "ilha", ou *dīpa*, "lamparina". Tanto Sv II 548 (até DN II 100) como Spk III 204 a tomam no primeiro sentido, declarando: "Fala de si uma ilha segura como uma ilha no grande oceano" (*mahāsamuddagatadīpaṃ viya attānaṃ dīpaṃ patiṭṭhaṃ katvā viharatha*).

"Aqueles que, seja agora ou após minha morte, viverão consigo como uma ilha, como um refúgio, sem outro refúgio, com o dhamma como uma ilha, como um refúgio, sem outro refúgio – para mim, Ānanda, esses monges serão os mais elevados daqueles que desejam o treinamento."

6. Sedakasutta

Sedaka (SN 47:19; V 168-169)

Em uma ocasião, o Abençoado estava vivendo entre os Sumbhas, onde havia uma cidade chamada Sedaka. Lá, ele se dirigiu aos monges: "No passado, monges, um acrobata colocou sua trave de bambu e se dirigiu ao seu aprendiz Medakathālikā: 'Venha, querido Medakathālikā, suba na trave de bambu e fique de pé sobre meus ombros'. Tendo respondido ao acrobata, 'Sim, instrutor', o aprendiz Medakathālikā subiu na trave de bambu e ficou de pé sobre os ombros do instrutor.

"Então, o acrobata disse a seu aprendiz Medakathālikā: 'Querido Medakathālikā, você me protege, eu protejo você. Assim guardados um pelo outro, protegidos um pelo outro, exibiremos nossas habilidades, teremos lucro e desceremos seguramente da trave de bambu'.

"Quando isso foi dito, o aprendiz Medakathālikā disse ao acrobata: 'Instrutor, esse não é o modo de fazer isso. Você, instrutor, se protege, eu me protejo. Assim, autoguardados e autoprotegidos, mostraremos nossas habilidades, teremos lucro e desceremos seguramente da trave de bambu'.

"Esse é o método aí", disse o Abençoado, "como o aprendiz Medakathālikā disse ao instrutor. 'Eu me protegerei', monges, assim, o estabelecimento da atenção plena deve ser praticado; 'eu protegerei outros', assim o estabelecimento da atenção plena deve ser praticado. Protegendo-se, a pessoa protege outros; protegendo outros, protege-se.

"E como, monges, protegendo-se, uma pessoa protege outros? Pela prática regular, pelo desenvolvimento, pelo cultivo [dos quatro estabelecimentos da atenção plena]: assim, protegendo-se, protege outros. E como, monges, protegendo outros a pessoa se protege? Pela paciência, pela inocuidade, por uma mente de bondade amorosa, pela simpatia: assim, protegendo outros, protege-se.

"'Eu me protegerei', monges, assim deve ser praticado o estabelecimento da atenção plena. 'Eu protegerei outros'. Assim deve ser praticado o estabelecimento da atenção plena. Protegendo-se, a pessoa protege outros; protegendo outros, protege-se."

7. Janapadakalyāṇīsutta

A garota mais bela do país (SN 47:20; V 169-170)

"Suponham, monges, ter ouvido 'a garota mais bela do país, a garota mais bela do país', uma grande multidão de pessoas se reuniria. Essa garota mais bela do país seria uma suprema dançarina e cantora. Tendo ouvido 'a garota mais bela do país está dançando e cantando', uma multidão de pessoas ainda maior se reuniria.

"Então, apareceria um homem, que deseja viver, que não deseja morrer, que deseja a felicidade e é avesso ao sofrimento. Eles lhe diriam: 'Você deve carregar esta tigela de óleo, cheia até à borda, entre a grande multidão e a garota mais bela do país. Um homem com uma espada desembainhada seguirá logo atrás de você. Onde quer que você derramar o óleo, ainda que seja um pouco, exatamente ali ele cortará sua cabeça'.

"O que vocês pensam sobre isso, monges? Esse homem deixaria de prestar atenção a essa tigela de óleo e, por negligência, desviaria sua atenção dela?" – "Certamente, não, Bhante."

"Fiz esse símile, monges, com o propósito de comunicar um significado, que aqui está: 'A tigela de óleo cheia até à borda' – essa é uma designação para a atenção plena dirigida ao corpo. Portanto, monges, vocês devem treinar assim: 'Desenvolveremos e cultivaremos a atenção plena dirigida ao corpo, faremos dela um veículo, uma base, estabilizada, repetida e bem executada'. Assim, na verdade, monges, vocês devem treinar."

8. Sirivaḍḍhasutta

Sirivaḍḍha (SN 47:29; V 176-177)

Em uma ocasião, o Venerável Ānanda estava vivendo em Rājagaha no bosque de bambus, onde os esquilos se alimentam. Ora, nessa ocasião, o chefe de família Sirivaḍḍha estava aflito, doente, severamente doente.

Então, o chefe de família Sirivaḍḍha se dirigiu a um homem: "Venha, homem, aproxime-se do Venerável Ānanda. Em meu nome, reverencie com sua cabeça os pés do Venerável Ānanda e diga: 'O chefe de família Sirivaḍḍha, Bhante, está aflito, doente, severamente doente. Ele reverencia com sua cabeça os pés do Venerável Ānanda'. E, então, diga assim: 'Por favor, Bhante, deixe o Venerável Ānanda vir à residência do chefe de família Sirivaḍḍha por compaixão'".

"Sim, senhor", esse homem respondeu. Então, ele se aproximou do Venerável Ānanda, prestou-lhe homenagem, sentou-se ao seu lado, e disse isto: "Bhante, o chefe de família Sirivaḍḍha está aflito, doente, severamente doente. Ele reverencia com sua cabeça os pés do Venerável Ānanda e diz: 'Por favor, Bhante, deixe o Venerável Ānanda vir à residência do chefe de família Sirivaḍḍha por compaixão'". O Venerável Ānanda consentiu com seu silêncio.

Então, de manhã, o Venerável Ānanda se vestiu, pegou sua tigela e seu manto de sair e foi à residência do chefe de família Sirivaḍḍha: "Você está suportando, chefe de família? Sua saúde está melhorando? Suas sensações dolorosas estão recuando, não avançando, de modo que se perceba seu recuo, não seu avanço?"

"Não estou suportando, Bhante, minha saúde não está melhorando. Minhas sensações severas de dor estão avançando, não recuando, de modo que se percebe seu avanço, não seu recuo."

"Então, chefe de família, você deve treinar assim: 'Viverei contemplando o corpo no corpo, ardente, compreendendo claramente, atento, tendo removido anseio e desânimo em relação ao mundo; contemplando as sensações nas sensações… a mente na mente… os fenômenos nos fenômenos, ardente, compreendendo claramente, atento, tendo removido anseio e desânimo em relação ao mundo'. É desse modo, chefe de família, que você deve treinar'."

"Bhante, quanto a esses quatro estabelecimentos da atenção plena que foram ensinados pelo Abençoado, encontro aquelas coisas em mim e me vejo envolvido com elas. Pois, Bhante, vivo contemplando o corpo no corpo, ardente, compreendendo claramente, atento, tendo removido anseio e desânimo em relação ao mundo; contemplando as sensações nas sensações… a mente na mente… os fenômenos nos fenômenos, ardente, compreendendo claramente, atento, tendo removido anseio e desânimo em relação ao mundo.

"E, Bhante, quanto àquelas cinco restrições inferiores ensinadas pelo Abençoado, não percebo em mim qualquer uma que não tenha sido abandonada."

"Essa é uma conquista para você, chefe de família, isso é bem conquistado por você, chefe de família! Você proclamou o fruto de um não retornante"[84].

2. Os sete fatores da iluminação

1. Himavantasutta

O Himalaia (SN 46:1; V 63-64)

"Monges, no Himalaia, o rei das montanhas, os nāgas desenvolvem seus corpos e se fortalecem[85]. Tendo desenvolvido seus corpos e se fortalecido, entram nos pequenos lagos; depois, nos lagos grandes; depois, nos pequenos rios; depois, nos grandes rios. Tendo entrado nos grandes rios, entram no grande oceano. Lá, atingem grandeza e vastidão com respeito ao corpo.

"Do mesmo modo, monges, com base no bom comportamento, estabelecido no bom comportamento, desenvolvendo os sete fatores de iluminação, cultivando os sete fatores de iluminação, um monge adquire grandeza e vastidão nas qualidades [salutares].

"E como um monge, com base no bom comportamento, estabelecido no bom comportamento, desenvolvendo os sete fatores de iluminação, cultivando os sete fatores de iluminação, adquire grandeza e vastidão nas qualidades [salutares]? Aqui, um monge desenvolve o fator de iluminação da atenção plena, que é baseado na reclusão, na im-

84. O terceiro dos quatro frutos de atingimento, distinguidos pela erradicação das cinco restrições inferiores: a visão do conjunto pessoal, dúvida, apreensão errada dos preceitos e observações, desejo sensual e má vontade. O não-retornante não renasce mais no domínio do desejo, mas em um dos domínios superiores onde atinge a libertação final.

85. Nāgas são entes semelhantes a dragões que vivem na atmosfera superior e no fundo dos oceanos e da Terra, onde guardam tesouros ocultos. São capazes de mudar sua forma e, por vezes, aparecer sob a forma humana.

parcialidade, na cessação, encaminhando-se para a renúncia[86]. Ele desenvolve o fator de iluminação da discriminação de qualidades... o fator de iluminação da energia... o fator de iluminação do êxtase... o fator de iluminação da tranquilidade... o fator de iluminação da concentração... o fator de iluminação da equanimidade, que está baseado na reclusão, na imparcialidade, na cessação, encaminhando-se para a renúncia.

"É desse modo que um monge, com base no bom comportamento, estabelecido no bom comportamento, desenvolvendo os sete fatores de iluminação, cultivando os sete fatores de iluminação, adquire grandeza e vastidão nas qualidades [salutares]."

2. Kāyasutta

Corpo (SN 46:2; V 64-67)

[1. Os nutrientes para os impedimentos]

"Monges, do mesmo modo que este corpo subsiste com nutriente, na dependência dele, e não subsiste sem ele, os cinco impedimentos subsistem com nutriente, na dependência dele, e não subsistem sem ele.

"E qual é, monges, o nutriente para o surgimento do desejo sensual não surgido e para o aumento e a expansão do desejo sensual surgido? Há um objeto belo. O cultivo da atenção superficial a esse objeto é o nutriente para o desejo sensual não surgido e para o aumento e a expansão do desejo sensual surgido.

"E qual é, monges, o nutriente para o surgimento da má vontade não surgida e para o aumento e a expansão da má vontade surgida? Há um objeto de aversão. O cultivo da atenção superficial a esse objeto é o nutriente para o surgimento da má vontade não surgida e para o aumento e a expansão da má vontade surgida.

"E qual é, monges, o nutriente para o surgimento do tédio e da letargia não surgidos e para o aumento e a expansão do tédio e da letargia surgidos? Há descontentamento, letargia, sonolência, cansaço após refeições, e lentidão da mente. O cultivo da atenção superficial a esses é o nutriente para o surgimento do tédio e da letargia não surgidos e para o aumento e a expansão do tédio e da letargia surgidos.

"E qual é, monges, o nutriente para o surgimento da inquietação e do arrependimento não surgidos e para o aumento e a expansão da inquietação e do arrependimento surgidos? Há inquietude da mente. O cultivo da atenção superficial a essa inquietude é o nutriente para o surgimento da inquietação e do arrependimento não surgidos e para o aumento e a expansão da inquietação e do arrependimento surgidos.

"E qual é, monges, o nutriente para o surgimento da dúvida não surgida e para o aumento e a expansão da dúvida surgida? Há coisas que são a base da dúvida. O cultivo da atenção superficial a essa dúvida é o nutriente para o surgimento da dúvida não surgida e para o aumento e a expansão da dúvida surgida.

"Monges, do mesmo modo que este corpo subsiste com nutriente, na dependência dele, e não subsiste sem ele, os cinco impedimentos subsistem com nutriente, na dependência dele, e não subsistem sem ele."

---

86. Sobre essa fórmula, ver p. 107.

[2. Os nutrientes para os fatores de iluminação]

"Monges, do mesmo modo que este corpo subsiste com nutriente, na dependência dele, e não subsiste sem ele, os sete fatores de iluminação subsistem com nutriente, na dependência dele, e não subsistem sem ele.

"E qual é, monges, o nutriente para o surgimento do fator de iluminação não surgido da atenção plena e para a satisfação pelo desenvolvimento do fator de iluminação surgido da atenção plena? Monges, há coisas que são a base, o fator de iluminação da atenção plena. O cultivo da atenção cuidadosa a elas é o nutriente para o surgimento do fator de iluminação não surgido da atenção plena e para a satisfação pelo desenvolvimento do fator de iluminação surgido da atenção plena.

"E qual é, monges, o nutriente para o surgimento do fator de iluminação não surgido da discriminação de qualidades e para a satisfação pelo desenvolvimento do fator de iluminação surgido da discriminação de qualidades? Há qualidades salutares e nocivas, repreensíveis e irrepreensíveis, inferiores e superiores, obscuras e luminosas com suas contrapartes[87]. O cultivo da atenção cuidadosa a elas é o nutriente para o surgimento do fator de iluminação não surgido da discriminação de qualidades e para a satisfação pelo desenvolvimento do fator de iluminação surgido da discriminação de qualidades.

"E qual é, monges, o nutriente para o surgimento do fator de iluminação não surgido da energia e para a satisfação pelo desenvolvimento do fator de iluminação surgido da energia? Monges, há o elemento de incitação, de intento, de esforço[88]. O cultivo da atenção cuidadosa a eles é o nutriente para o surgimento do fator de iluminação não surgido de energia e para a satisfação pelo desenvolvimento do fator de iluminação surgido da energia.

"E qual é, monges, o nutriente para o surgimento do fator de iluminação não surgido do êxtase e para a satisfação pelo desenvolvimento do fator de iluminação surgido do êxtase? Há coisas que são a base para o fator de iluminação do êxtase. O cultivo da atenção cuidadosa a elas é o nutriente para o surgimento do fator de iluminação não surgido do êxtase e para a satisfação pelo desenvolvimento do fator de iluminação surgido do êxtase.

"E qual é, monges, o nutriente para o surgimento do fator de iluminação não surgido da tranquilidade e para a satisfação pelo desenvolvimento do fator de iluminação surgido da tranquilidade? Monges, há a tranquilidade do corpo e a tranquilidade da mente. O cultivo da atenção cuidadosa a elas é o nutriente para o surgimento do fator de iluminação não surgido da tranquilidade e para a satisfação pelo desenvolvimento do fator de iluminação surgido da tranquilidade.

---

87. Spk III 141: "Estados obscuros são 'com contrapartes' (*sappaṭibhāgā*) porque produzem resultados obscuros, e estados luminosos porque produzem resultados luminosos… Ou 'com contrapartes' significa 'com opostos': os estados obscuros têm os luminosos como opostos, os luminosos têm os obscuros como seus opostos".

88. Spk III 141: "O elemento de incitação" (*ārambhadhātu*) é a fase inicial da energia, o de esforço (*nikkamadhātu*) é mais forte porque alguém superou a preguiça, enquanto o elemento de esforço (*parakkamadhātu*) é ainda mais forte porque alguém avança para níveis sucessivamente superiores".

"E qual é, monges, o nutriente para o surgimento do fator de iluminação não surgido da concentração e para a satisfação pelo desenvolvimento do fator de iluminação surgido da concentração? Há um objeto de serenidade, de não difusão[89]. O cultivo da atenção cuidadosa a eles é o nutriente para o surgimento do fator de iluminação não surgido da concentração e para a satisfação pelo desenvolvimento do fator de iluminação surgido da concentração.

"E qual é, monges, o nutriente para o surgimento do fator de iluminação não surgido da equanimidade e para a satisfação pelo desenvolvimento do fator de iluminação surgido da equanimidade? Há coisas que são a base para o fator de iluminação da equanimidade. O cultivo da atenção cuidadosa a elas é o nutriente para o surgimento do fator de iluminação não surgido da equanimidade e para a satisfação pelo desenvolvimento do fator de iluminação surgido da equanimidade."

"Monges, do mesmo modo que este corpo subsiste com nutriente, na dependência dele, e não subsiste sem ele, os sete fatores de iluminação subsistem com nutriente, na dependência dele, e não subsistem sem ele."

3. Sīlasutta

Bom comportamento (SN 46:3; V 67-70)

[1. Associação correta]

"Monges, quanto aos monges que conseguiram bom comportamento, concentração, sabedoria, libertação, o conhecimento e a visão da libertação: digo que sua percepção é útil; que se aproximar deles também é útil; que lhes assistir também é útil; que se recordar deles também é útil; que segui-los ao sair também é útil.

"Por qual razão? Porque, tendo ouvido o dhamma desses monges, uma pessoa vive retirada de dois modos: pela retirada do corpo e pela retirada da mente. Vivendo assim retirada, a pessoa recorda e pensa sobre esse dhamma."

[2. Os fatores de iluminação]

"Monges, quando um monge que vive assim retirado recorda e reflete sobre esse dhamma, nessa ocasião, o monge incita o fator de iluminação da atenção plena; nessa ocasião, ele desenvolve o fator de iluminação da atenção plena; nessa ocasião, o fator de iluminação da atenção plena é satisfeito pelo desenvolvimento pelo monge[90]

---

89. *Samathanimittaṃ abyagganimittaṃ*. Spk III 141 toma os dois como sinônimos e os identifica com a própria serenidade, bem como com o objeto dela.

90. Ao declarar que o fator de iluminação da atenção plena surge pela lembrança do dhamma ensinado pelos monges, o texto conecta *sati* (do verbo *sarati*, "lembrar") como um ato de lembrança com o verbo *anussarati*, "recordar". Embora ofuscado pelo sentido mais técnico de *sati*, como consciência do presente, essa nuança ainda é ocasionalmente preservada em páli. Podemos compreender as três frases usadas para descrever o cultivo de cada fator de iluminação como três estágios sucessivos de desenvolvimento: incitação inicial, maturação e culminância.

"Vivendo assim, ele discrimina esse dhamma com sabedoria, examina-o e embarca em uma investigação sobre ele. Quando um monge, vivendo assim atento, discrimina esse dhamma com sabedoria, examina-o e inicia uma investigação sobre ele, nessa ocasião, o monge incita o fator de iluminação da discriminação de qualidades; desenvolve o fator de iluminação da discriminação de qualidades; o fator de iluminação da discriminação de qualidades é satisfeito pelo desenvolvimento do monge.

"Enquanto ele está discriminando esse dhamma com sabedoria, examinando-o e iniciando uma investigação sobre ele, uma energia não letárgica é incitada. Quando essa energia é incitada em um monge, enquanto está discriminando esse dhamma com sabedoria, examinando-o e iniciando uma investigação sobre ele, nessa ocasião o monge incita o fator de iluminação de energia; desenvolve o fator de iluminação de energia; o fator de iluminação de energia é satisfeito pelo desenvolvimento do monge.

"Para uma pessoa com energia incitada surge êxtase não carnal. Quando, para um monge com energia incitada, surge êxtase não carnal, nessa ocasião, o monge incita o fator de iluminação de êxtase; desenvolve o fator de iluminação de êxtase; o fator de iluminação de êxtase é satisfeito pelo desenvolvimento do monge.

"Para uma pessoa com uma mente de êxtase, o corpo e a mente se tranquilizam. Quando, para um monge com uma mente de êxtase, o corpo e a mente se tranquilizam, nessa ocasião o monge incita o fator de iluminação da tranquilidade; desenvolve o fator de iluminação da tranquilidade; o fator de iluminação da tranquilidade é satisfeito pelo desenvolvimento do monge.

"Para uma pessoa com o corpo tranquilo, que está feliz, a mente se concentra. Quando, para um monge com o corpo tranquilo, que está feliz, a mente se concentra, nessa ocasião, o monge incita o fator de iluminação da concentração; desenvolve o fator de iluminação da concentração; o fator de iluminação da concentração é satisfeito pelo desenvolvimento do monge.

"É ele que observa bem com equanimidade a mente assim concentrada. Quando o monge é aquele que observa bem com equanimidade a mente assim concentrada, nessa ocasião ele incita o fator de iluminação de equanimidade; desenvolve o fator de iluminação de equanimidade; nessa ocasião o fator de iluminação de equanimidade é satisfeito pelo desenvolvimento do monge."

[3. Sete frutos e benefícios]

"Monges, quando esses sete fatores de iluminação foram desenvolvidos e cultivados desse modo, sete frutos e benefícios podem ser esperados. Quais são os sete frutos e benefícios?

"Uma pessoa atinge o conhecimento final no começo desta vida[91]

"Se uma pessoa não atinge o conhecimento final no começo desta vida, então, atinge-o no momento de sua morte.

91. Com "conhecimento final" (*aññā*), o atingimento da condição de arahant é indicado, atingido no curso da vida ou à beira da morte.

"Se uma pessoa não atinge o conhecimento final no começo desta vida ou no momento de sua morte, então, com a destruição completa das cinco restrições inferiores, atinge o nibbāna no intervalo[92].

"Se a pessoa não atinge o conhecimento final no começo desta vida... nem atinge o nibbāna no intervalo, então, com a destruição completa das cinco restrições inferiores, atinge o nibbāna ao desembarcar.

"Se uma pessoa não atinge o conhecimento final no começo desta vida... nem atinge o nibbāna ao desembarcar, então, com a destruição completa das cinco restrições inferiores, atinge o nibbāna sem esforço.

"Se uma pessoa não atinge o conhecimento final no começo desta vida... nem atinge o nibbāna sem esforço, então, com a destruição completa das cinco restrições inferiores, atinge o nibbāna com esforço.

"Se uma pessoa não atinge o conhecimento final no começo desta vida... nem atinge o nibbāna com esforço, então, com a destruição completa das cinco restrições inferiores, é compelida corrente acima, ao domínio do Akaniṭṭha[93].

"Monges, quando os sete fatores de iluminação foram desenvolvidos e cultivados desse modo, esses sete frutos e benefícios podem ser esperados."

4. Bhikkhusutta

Um monge (SN 46:5; V 72)

Então, um certo monge se aproximou do Abençoado... e disse: "Eles são chamados, Bhante, 'fatores de iluminação, fatores de iluminação'. De que modo, Bhante, são chamados 'fatores de iluminação'?"

"Eles levam à iluminação, monge, portanto, são chamados 'fatores de iluminação'. Aqui, um monge desenvolve o fator de iluminação da atenção plena, que é baseada na reclusão, na imparcialidade, na cessação, encaminhando-se para a renúncia... Ele desenvolve o fator de iluminação da equanimidade, que é baseado na reclusão, na imparcialidade, na cessação, encaminhando-se para a renúncia.

"Para alguém que desenvolve esses sete fatores de iluminação, a mente está libertada do influxo da sensualidade, da existência, da ignorância. Com relação ao que é libertado, o conhecimento ocorre assim: 'Libertado'. Ele compreende: 'Terminado é o nascimento, a vida espiritual foi vivida, o que tinha de ser feito foi feito, nada mais há para esse estado de ser'. Eles levam à iluminação, monge, portanto, são chamados 'fatores de iluminação'."

---

92. Essas cinco expressões indicam cinco modos de atingimento do estágio de não-retornante (*anāgāmī*). Diferentes interpretações desses termos foram propostas. Tomo "aquele que atinge o nibbāna no intervalo" (*antarāparinibbāyī*) como aquele que atinge a libertação plena no estado intermediário entre morte e renascimento, e "aquele que atinge o nibbāna ao desembarcar" (*upahaccaparinibbāyī*) como sendo aquele que atinge a libertação logo após renascer no domínio da forma. Sobre as restrições inferiores, ver nota 84.

93. Este, o *uddhaṃsota akaniṭṭhagāmī*, toma o renascimento em moradas sucessivas puras, completa a existência inteira em cada uma, e finalmente atinge a condição de arahant no domínio Akaniṭṭha, a morada pura mais elevada. As moradas puras (*suddhāvāsa*) são cinco planos no domínio da forma no qual somente não-retornantes pode renascer.

5. Kuṇḍaliyasutta

Kuṇḍaliya (SN 46:6; V 73-75)

[1. As perguntas do andarilho]

Em uma ocasião, o Abençoado estava vivendo em Sāketa no Bosque Añjana no parque dos cervos. Então, o andarilho Kuṇḍaliya se aproximou do Abençoado e eles se cumprimentaram. Após seus cumprimentos e uma conversa cordial, ele se sentou ao seu lado e lhe disse:

"Mestre Gotama, sou uma pessoa que senta em parques e frequenta assembleias. Após meu café da manhã, costumo caminhar e vagar de parque em parque, de jardim em jardim. Lá, vejo alguns ascetas e brâmanes envolvidos em conversas para libertarem [suas doutrinas da crítica] em debates e para refutarem [as doutrinas de outros]. Mas, para que vive o Mestre Gotama?"

"O Tathāgata, Kuṇḍaliya, vive para o fruto e benefício do conhecimento claro e da libertação."

"Mas, Mestre Gotama, que coisas, desenvolvidas e cultivadas, satisfazem o conhecimento claro e a libertação?"

"Os sete fatores de iluminação, Kuṇḍaliya, quando desenvolvidos e cultivados, satisfazem o conhecimento claro e a libertação."

"Mas, Mestre Gotama, que coisas, quando desenvolvidas e cultivadas, satisfazem os sete fatores da iluminação?"

"Os quatro estabelecimentos da atenção plena, Kuṇḍaliya, quando desenvolvidos e cultivados, satisfazem os sete fatores da iluminação."

"Mas, Mestre Gotama, que coisas, quando desenvolvidas e cultivadas, satisfazem os quatro estabelecimentos da atenção plena?"

"Os três tipos de boa conduta, Kuṇḍaliya, quando desenvolvidos e cultivados, satisfazem os quatro estabelecimentos da atenção plena."

"Mas, Mestre Gotama, que coisas, quando desenvolvidas e cultivadas, satisfazem os três tipos de boa conduta?"

"Restrição das faculdades sensíveis, Kuṇḍaliya, quando desenvolvida e cultivada, satisfaz os três tipos de boa conduta."

[2. Restrição dos sentidos]

"E como, Kuṇḍaliya, a restrição das faculdades sensíveis é desenvolvida e cultivada de modo que satisfaça os três tipos de boa conduta? Aqui, tendo visto uma forma com o olho, um monge não anseia por uma que seja agradável, não se regozija nela, não a deseja. Seu corpo e sua mente são firmes, internamente bem-constituídos, bem-libertados.

"Mas, tendo visto uma forma com o olho, não fica desconcertado por uma que seja desagradável, não fica com a mente consternada nem desanimada, sem má vontade. Seu corpo e sua mente são firmes, internamente bem-constituídos, bem-libertados.

"Além disso, tendo ouvido um som com o ouvido... sentido um odor com o nariz... um sabor com a língua... um objeto tátil com o corpo... conhecido um objeto mental com a mente, não anseia por um que seja agradável, não se regozija nele, não o deseja. Seu corpo e sua mente são firmes, internamente bem-constituídos, bem-libertados. Mas, tendo conhecido um objeto mental com a mente, não fica desconcertado por um que seja desagradável, não fica com a mente consternada nem desanimada, sem má vontade. Seu corpo e sua mente são firmes, internamente bem-constituídos, bem-libertados.

"Quando, Kuṇḍaliya, após ter visto uma forma com o olho, o corpo de um monge e sua mente são firmes, internamente bem-constituídos e bem-libertados em relação a formas agradáveis e desagradáveis; quando, ouvido um som com o ouvido... sentido um odor com o nariz... um sabor com a língua... um objeto tátil com o corpo... conhecido um objeto mental com a mente, o corpo e a mente de um monge são firmes, internamente bem-constituídos e bem-libertados em relação a objetos mentais agradáveis e desagradáveis, então, sua restrição das faculdades sensíveis foi desenvolvida e cultivada de um modo tal que satisfaz os três tipos de boa conduta."

[3. Da boa conduta à libertação]

"E como, Kuṇḍaliya, são os três tipos de boa conduta desenvolvidos e cultivados de modo que satisfaçam os quatro estabelecimentos da atenção plena? Aqui, tendo abandonado a má conduta do corpo, um monge desenvolve sua boa conduta; tendo abandonado a má conduta da fala, desenvolve sua boa conduta; tendo abandonado a má conduta da mente, desenvolve sua boa conduta. Quando os três tipos de boa conduta forem desenvolvidos e cultivados desse modo, satisfazem os quatro estabelecimentos da atenção plena.

"E como, Kuṇḍaliya, os quatro estabelecimentos da atenção plena são desenvolvidos e cultivados de modo a satisfazerem os sete fatores da iluminação? Aqui, um monge vive contemplando o corpo no corpo, ardente, compreendendo claramente, atento, tendo removido anseio e desânimo em relação ao mundo; vive contemplando as sensações nas sensações... a mente na mente... os fenômenos nos fenômenos, ardente, compreendendo claramente, atento, tendo removido anseio e desânimo em relação ao mundo. Quando os quatro estabelecimentos da atenção plena foram desenvolvidos e cultivados desse modo, satisfazem os quatro estabelecimentos da atenção plena, satisfazem os sete fatores da iluminação.

"E como, Kuṇḍaliya, os sete fatores da iluminação são desenvolvidos e cultivados de modo a satisfazerem o conhecimento claro e a libertação? Aqui, um monge desenvolve o fator de iluminação da atenção plena, que é baseada na reclusão, na imparcialidade, na cessação, encaminhando-se para a renúncia... Ele desenvolve o fator de iluminação da equanimidade, que é baseado na reclusão, na imparcialidade, na cessação, encaminhando-se para a renúncia. Quando os sete fatores da iluminação foram desenvolvidos e cultivados desse modo, satisfazem o conhecimento claro e a libertação."

[4. Indo para o refúgio]

Quando isso foi dito, o andarilho Kuṇḍaliya disse ao Abençoado: "Excelente, Mestre Gotama, excelente, Mestre Gotama! Assim como uma pessoa poria de pé o que foi derrubado, ou revelaria o que foi ocultado, ou indicaria o caminho para alguém que estivesse perdido, ou seguraria uma lamparina na escuridão, pensando: 'Aqueles com olhos verão formas', o dhamma foi revelado de muitos modos pelo Mestre Gotama.

"Vou ao Mestre Gotama em busca de refúgio, ao dhamma e ao sangha monástico. Deixe o Mestre Gotama me considerar um discípulo leigo que desde hoje foi para o refúgio por tanto tempo quanto a vida durar."

6. Gilānasutta

Doença (SN 46:14; V 79-80)

Em uma ocasião, o Abençoado estava vivendo em Rājagaha, no bosque de bambu, onde os esquilos se alimentam. Ora, nessa ocasião, o Venerável Mahākassapa estava vivendo na Caverna Pipphali, afligido, doente, severamente doente. Então, à noite, quando emergiu da reclusão, o Abençoado se aproximou do Venerável Mahākassapa, sentou-se no assento preparado, e lhe disse: "Você está suportando, Kassapa? Sua saúde está melhorando? Suas sensações dolorosas estão recuando, não avançando, de modo que seu recuo, não seu avanço, seja discernido?"

"Não estou suportando, Bhante, minha saúde não está melhorando. Minhas sensações severas de dor estão avançando, não recuando, de modo que seu avanço, não seu recuo, é discernido."

"Esses sete fatores de iluminação, Kassapa, expostos corretamente por mim, quando desenvolvidos e cultivados, levam ao conhecimento direto, à iluminação, ao nibbāna. Quais sete? O fator de iluminação da atenção plena, Kassapa, exposto corretamente por mim, quando desenvolvido e cultivado, leva ao conhecimento direto, à iluminação, ao nibbāna... O fator de iluminação da equanimidade, exposto corretamente por mim, quando desenvolvido e cultivado, leva ao conhecimento direto, à iluminação, ao nibbāna. Esses sete fatores de iluminação, Kassapa, expostos corretamente por mim, quando desenvolvidos e cultivados, levam ao conhecimento direto, à iluminação, ao nibbāna."

"Certamente, Abençoado, são fatores de iluminação! Certamente, Afortunado, são fatores de iluminação!"

É isso que o Abençoado disse. Exultante, o Venerável Mahākassapa se alegrou com a declaração do Abençoado, recuperando-se daquela doença. E, assim, aquela doença foi abandonada pelo Venerável Mahākassapa.

7. Aggisutta

Fogo (SN 46:53; V 112-115)

[1. O desafio]

Então, de manhã, vários monges se vestiram e, pegando suas tigelas e mantos de sair, entraram no Sāvatthī em busca de esmolas. Então, ocorreu-lhes: "Ainda é muito cedo para caminhar em busca de esmolas em Sāvatthī. Vamos ao parque dos andarilhos de outras seitas".

Então, aqueles monges foram ao parque dos andarilhos de outras seitas. Eles se cumprimentaram e, quando concluíram seus cumprimentos e sua conversa cordial, sentaram-se lado a lado. Os andarilhos então lhes disseram: "Amigos, o asceta Gotama ensina o dhamma a seus discípulos assim: 'Venham, monges, abandonem os cinco impedimentos, as corrupções da mente que enfraquecem a sabedoria, e desenvolvam corretamente os sete fatores da iluminação'. Ensinamos o dhamma também para nossos discípulos assim: 'Venham, amigos, abandonem os cinco impedimentos, as corrupções da mente que enfraquecem a sabedoria, e desenvolvam corretamente os sete fatores da iluminação'. Assim, amigos, qual é aqui a distinção, a disparidade, a diferença entre o asceta Gotama e nós – ou seja, considerando um ensinamento dhamma e o outro, um modo de instrução e o outro?"

Então, os monges não apreciaram nem rejeitaram a declaração daqueles andarilhos. Sem a apreciarem, sem a rejeitarem, levantaram-se de seus assentos e saíram, pensando: "Devemos aprender o significado dessa declaração na presença do Abençoado".

Então, quando aqueles monges caminharam em busca de esmolas em Sāvatthī e retornaram da sessão de esmolas, após sua refeição, aproximaram-se do Abençoado, prestaram-lhe homenagem, e sentaram-se ao seu lado. Eles, então, relataram-lhe sua discussão inteira com aqueles andarilhos. [O Abençoado disse:]

"Andarilhos de outras seitas que falam desse modo deveriam ouvir: 'Em uma ocasião, amigos, em que a mente está lenta, nessa ocasião, quais fatores de iluminação ainda não podem ser desenvolvidos e quais fatores de iluminação já podem ser desenvolvidos? Mas em uma ocasião, em que a mente está agitada, nessa ocasião, quais fatores de iluminação ainda não podem ser desenvolvidos e quais fatores de iluminação já podem ser desenvolvidos?'

"Assim questionados, monges, andarilhos de outras seitas não conseguirão responder, e, além disso, incorrerão em angústia. Por qual razão? Porque, monges, isso não está em seu domínio.

"Não vejo pessoa alguma no mundo com seus devas, Māra, Brahmā, nessa população com seus ascetas e brâmanes, com seus devas e humanos, que pudesse satisfazer a mente com uma resposta a essas questões além do Tathāgata, um discípulo seu ou alguém que a ouviu aqui."

[2. Estimulando a mente lenta]

"Em uma ocasião, monges, em que a mente está lenta, não é o momento para desenvolver o fator de iluminação da tranquilidade, da concentração e da equanimidade. Por qual razão? Como a mente está lenta, é difícil incitá-la com essas coisas.

"Suponham, monges, que uma pessoa desejasse inflamar um pequeno fogo. Ela jogaria sobre ele grama molhada, fezes molhadas de vaca e gravetos molhados, borrifaria água e espalharia terra sobre ele. Com isso, essa pessoa conseguiria inflamar um pequeno fogo?" – "Certamente não, Bhante."

"Do mesmo modo, monges, em uma ocasião em que a mente está lenta, não é o momento para desenvolver o fator de iluminação da tranquilidade, da concentração e da equanimidade. Por qual razão? Como a mente está lenta, é difícil incitá-la com essas coisas.

"Em uma ocasião, monges, em que a mente está lenta, é o momento de desenvolver o fator de iluminação da discriminação de qualidades, da energia e do êxtase. Por qual razão? Como a mente está lenta, é fácil incitá-la com essas coisas.

"Suponham, monges, que uma pessoa desejasse inflamar um pequeno fogo. Ela jogaria sobre ele grama seca, fezes secas de vaca e gravetos secos, o sopraria com sua boca e não espalharia terra sobre ele. Com isso, essa pessoa conseguiria inflamar um pequeno fogo?" – "Sim, Bhante."

"Do mesmo modo, monges, em uma ocasião em que a mente está lenta, é o momento de desenvolver o fator de iluminação da discriminação de qualidades, da energia e do êxtase. Por qual razão? Como a mente está lenta, é fácil incitá-la com essas coisas."

[3. Acalmando a mente agitada]

"Em uma ocasião, monges, em que a mente está agitada, é o momento de desenvolver o fator de iluminação da discriminação de qualidades, da energia e do êxtase. Por qual razão? Como a mente está agitada, é difícil acalmá-la com essas coisas.

"Suponham, monges, que uma pessoa deseje extinguir uma grande fogueira. Ela jogaria sobre ela grama seca, fezes secas de vaca e gravetos secos, soprá-la-ia com sua boca e não espalharia terra sobre ela. Com isso, essa pessoa conseguiria extinguir uma grande fogueira?" – "Certamente não, Bhante."

"Do mesmo modo, monges, em uma ocasião em que a mente está agitada, não é o momento de desenvolver o fator de iluminação da discriminação de qualidades, da energia e do êxtase. Por qual razão? Como a mente está agitada, é difícil acalmá-la com essas coisas.

"Em uma ocasião, monges, em que a mente está agitada, é o momento para desenvolver o fator de iluminação da tranquilidade, da concentração e da equanimidade. Por qual razão? Como a mente está agitada, é fácil acalmá-la com essas coisas.

"Suponham, monges, que uma pessoa deseje extinguir uma grande fogueira. Ela jogaria sobre ela grama molhada, fezes molhadas de vaca e gravetos molhados, borrifaria água e espalharia terra sobre ela. Com isso, essa pessoa conseguiria extinguir uma grande fogueira?" – "Sim, Bhante".

“Do mesmo modo, monges, em uma ocasião em que a mente está agitada, é o momento para desenvolver o fator de iluminação da tranquilidade, da concentração e da equanimidade. Por qual razão? Como a mente está agitada, é fácil acalmá-la com essas coisas.

“Mas a atenção plena, monges, digo ser útil em toda parte.”

3. O NOBRE CAMINHO ÓCTUPLO

1. Upaḍḍhasutta

Metade (SN 45:2; V 2-3)

Em uma ocasião, o Abençoado estava vivendo entre os Xáquias, na cidade chamada Nāgaraka. Então, o Venerável Ānanda se aproximou do Abençoado, prestou-lhe homenagem, sentou-se ao seu lado e lhe disse: “Isto é a metade da vida espiritual, Bhante, ou seja: boa amizade, bom companheirismo, boa camaradagem”[94].

“Não fale assim, Ānanda! Não fale assim, Ānanda! Isso é, na verdade, a vida espiritual inteira, Ānanda, ou seja: boa amizade, bom companheirismo, boa camaradagem. De um monge que tem um bom amigo, um bom companheiro, um bom camarada[95], deve-se esperar que desenvolva e cultive o nobre caminho óctuplo.

“E como, Ānanda, um monge que tem um bom amigo, um bom companheiro, um bom camarada, desenvolve e cultiva o nobre caminho óctuplo? Aqui, um monge desenvolve a visão correta, que é baseada na reclusão, na imparcialidade, na cessação, encaminhando-se para a renúncia; ele desenvolve a intenção correta… a fala correta… a ação correta… a subsistência correta… o esforço correto… a atenção plena correta… a concentração correta, que é baseada na reclusão, na imparcialidade, na cessação, encaminhando-se para a renúncia. É desse modo, Ānanda, que esse monge que tem um bom amigo, um bom companheiro, um bom camarada, desenvolve e cultiva o nobre caminho óctuplo.

“Desse modo também, Ānanda, pode ser compreendido como isso é, na verdade, a vida espiritual inteira, ou seja: boa amizade, bom companheirismo, boa camaradagem. Ao confiarem em mim como um bom amigo, Ānanda, entes sujeitos ao nascimento são dele libertados; entes sujeitos ao envelhecimento são dele libertados; entes sujeitos à morte são dela libertados; entes sujeitos a tristeza, lamentação, dor, angústia e infelicidade são delas libertados. Desse modo, também, Ānanda, pode ser compreendido como isso é, na verdade, a vida espiritual inteira, ou seja: boa amizade, bom companheirismo, boa camaradagem.”

---

94. *Kalyāṇamittatā kalyāṇasahāyatā kalyāṇasampavaṅkatā*. Os três são sinônimos próximos.

95. Tradutores antigos compreenderam mal a forma gramatical de *kalyāṇamitto bhikkhu*, considerando-o significar “um monge que é um bom amigo” ou “um monge que é um amigo do bom”. Como um substantivo independente, *kalyāṇamitto* significa um bom amigo, mas, quando usado em aposição a *bhikkhu*, *kalyāṇamitto* se torna um composto adjetival (*bahubbīhi*), de modo que a expressão significa “um monge *que tem* um bom amigo”.

2. Kimatthiyasutta

Para qual propósito? (SN 45:5; V 6-7)

Então, vários monges se aproximaram do Abençoado… e lhe disseram: “Aqui, Bhante, andarilhos pertencentes a outras seitas nos perguntam isto: ‘Para que propósito, amigos, a vida espiritual é vivida sob o Gotama asceta?’ Quando nos perguntaram isso, Bhante, respondemos-lhes assim: ‘A vida espiritual, amigos, é vivida sob o Abençoado para a compreensão plena do sofrimento’.

“Esse é o caso, Bhante, em que, ao respondermos essa pergunta assim, estamos declarando o que foi dito pelo Abençoado e não falseamos; que respondemos de acordo com o dhamma, e nenhuma consequência razoável de nossa afirmação está aberta à crítica?”

“Certamente, monges, quando lhes perguntaram isso e vocês responderam como responderam, vocês declararam o que eu disse sem me falsearem; responderam de acordo com o dhamma, e nenhuma consequência razoável de sua afirmação está aberta à crítica. Porque é para a compreensão plena do sofrimento que a vida espiritual é vivida sob mim.

“Monges, se andarilhos pertencentes a outras seitas lhes perguntassem: ‘Mas, amigos, há um caminho, uma via, para a compreensão plena desse sofrimento?’, vocês deveriam lhes responder assim: ‘Existe, amigos, um caminho, uma via, para a compreensão plena desse sofrimento’.

“E qual é, monges, o caminho, a via, para a compreensão plena desse sofrimento? É exatamente esse nobre caminho óctuplo – ou seja, visão correta… concentração correta. Esse, monges, é o caminho, a via, para a compreensão plena desse sofrimento. Quando lhes perguntarem isso, monges, vocês devem responder assim àqueles andarilhos pertencentes a outras seitas.”

3. Vibhaṅgasutta

Análise (SN 45:8; V 8-10)

“Ensinarei a vocês, monges, o nobre caminho óctuplo e o analisarei. Ouçam isso e prestem bem atenção. Eu falarei”. – “Sim, Bhante”, aqueles monges responderam. O Abençoado, então, disse:

“E qual é, monges, o nobre caminho óctuplo? É este: visão correta, intenção correta, fala correta, ação correta, subsistência correta, esforço correto, atenção plena correta e concentração correta.

“E o que é, monges, a visão correta? Conhecimento do sofrimento, de sua origem, cessação, da via que leva à sua cessação: isso é chamado a visão correta.

“E o que é, monges, a intenção correta? A intenção da renúncia, da boa vontade, da inocuidade: isso é chamado a intenção correta.

"E o que é, monges, a fala correta? Abstinência da fala falsa, da fala desagregadora, da fala dura, da conversa fútil: isso é chamado a fala correta.

"E o que é, monges, a ação correta? Abstinência da destruição da vida, de tomar o que não é dado, da má conduta sexual[96]: isso é chamado ação correta.

"E o que é, monges, a subsistência correta? Aqui, um nobre discípulo, tendo abandonado a subsistência errada, ganha sua vida pela subsistência correta: isso é chamado subsistência correta.

E o que é, monges, o esforço correto? Aqui, um monge gera desejo pelo não surgimento de qualidades nocivas más não surgidas; faz um esforço, incita energia, aplica sua mente e se esforça. Gera desejo pelo abandono de qualidades nocivas más surgidas... Ele gera desejo pelo surgimento de qualidades salutares não surgidas... Ele gera desejo pela continuação de qualidades salutares surgidas, por seu não declínio, aumento, expansão e satisfação pelo desenvolvimento; ele faz um esforço, incita energia, aplica sua mente e se esforça. Isso é chamado esforço correto.

"E o que é, monges, a atenção plena correta? Aqui, um monge vive contemplando o corpo no corpo, ardente, compreendendo claramente, atento, tendo removido anseio e desânimo em relação ao mundo; contemplando as sensações nas sensações, ardente, compreendendo claramente, atento, tendo removido anseio e desânimo em relação ao mundo; contemplando a mente na mente, ardente, compreendendo claramente, atento, tendo removido anseio e desânimo em relação ao mundo; contemplando os fenômenos nos fenômenos, ardente, compreendendo claramente, atento, tendo removido anseio e desânimo em relação ao mundo. Isso é chamado atenção plena.

"E o que é, monges, a concentração correta? Aqui, isolado dos prazeres sensuais, das qualidades nocivas, um monge entra e vive no primeiro jhāna, que é acompanhado pelo pensamento, exame, com êxtase e prazer nascidos da reclusão.

"Pela diminuição do pensamento e exame ele entra e vive no segundo jhāna, [marcado pela] placidez e unificação internas da mente, que é sem pensamento, sem exame, com êxtase e prazer nascidos da concentração.

"E, com o evanescimento do êxtase, ele vive equânime, atento e compreendendo claramente, e experiencia prazer com o corpo; entra e vive no terceiro jhāna em função do qual os nobres declaram sobre ele: 'Ele é equânime, atento, vivendo agradavelmente'.

"Pelo abandono do prazer e da dor, e pelo fenecimento prévio da alegria e do desânimo, ele entra e vive no quarto jhāna, que não é doloroso nem prazeroso e tem a purificação da atenção plena pela equanimidade. Isso é chamado concentração correta."

---

96. Em todas as edições de SN lemos aqui *abrahmacariyā veramaṇī*, "abstinência da atividade [sexual] impura", mas em outros lugares a leitura dessa faceta da ação correta é *kāmesu micchācārā veramaṇī*, "abstinência da má conduta sexual". A primeira é encontrada no preceito observado por monásticos, a segunda, no preceito adotado pela laicidade. A leitura de SN pode ser um erro de escrita. Traduzi, portanto, assumindo que a leitura correta deveria ser *kāmesu micchācārā veramaṇī*.

4. Paṭipadāsutta

Prática (SN 45:24; V 18-19)

"Monges, não enalteço a prática errada, seja de uma pessoa laica ou de uma desenvolvida. Uma pessoa praticando erroneamente, seja uma laica ou uma desenvolvida, por executar a prática errada, não é alguém que atinge o método, o dhamma, o salutar.

"E o que é, monges, a prática errada? É isto: visão errada… concentração errada. Isso é chamado prática errada. Não enalteço a prática errada, seja de uma pessoa laica ou de uma desenvolvida. Uma pessoa praticando erroneamente, seja uma laica ou uma desenvolvida, por executar a prática errada, não é alguém que atinge o método, o dhamma, o salutar.

"Monges, enalteço a prática correta, seja de uma pessoa laica ou de uma desenvolvida. Uma pessoa praticando corretamente, seja uma laica ou uma desenvolvida, por executar a prática correta, é alguém que atinge o método, o dhamma, o salutar.

"E o que é, monges, a prática correta? É isto: visão correta… concentração correta. Isso é chamado prática correta. Enalteço a prática correta, seja de uma pessoa laica ou de uma desenvolvida. Uma pessoa praticando corretamente, seja uma laica ou uma desenvolvida, por executar a prática correta, é alguém que atinge o método, o dhamma, o salutar."

5. Kalyāṇamittasutta

Bom amigo (SN 45:49, 45:56; V 29-30, V 31)

"Esse, monges, é o prenúncio, o sinal do surgimento do sol – ou seja, o alvorecer. Do mesmo modo, para um monge, esse é o prenúncio, o sinal do surgimento do nobre caminho óctuplo – ou seja, da boa amizade. De um monge que tem um bom amigo, deve-se esperar que desenvolva e cultive o nobre caminho óctuplo.

(45:49) "E como, monges, um monge que tem um bom amigo desenvolve e cultiva o nobre caminho óctuplo? Aqui, um monge desenvolve a visão correta… a concentração correta, que é baseada na reclusão, na imparcialidade, na cessação, encaminhando-se para a renúncia. É desse modo que um monge que tem um bom amigo desenvolve e cultiva o nobre caminho óctuplo.

(45:56) "E como, monges, um monge que tem um bom amigo desenvolve e cultiva o nobre caminho óctuplo? Aqui, um monge desenvolve a visão correta… a concentração correta, que tem como sua culminância a remoção da luxúria, do ódio, da ilusão. É de um modo assim que um monge que tem um bom amigo desenvolve e cultiva o nobre caminho óctuplo."

6. Pācīnaninnasutta

Dirige-se ao leste (SN 45:91, 45:103; V 38, V 40)

"Monges, do mesmo modo que o Rio Ganges se dirige ao leste, volta-se para o leste, inclina-se para o leste, um monge que desenvolve e cultiva o nobre caminho óctuplo se dirige ao nibbāna, volta-se para o nibbāna, inclina-se para o nibbāna.

(45:91) "E como, monges, um monge que desenvolve e cultiva o nobre caminho óctuplo se dirige ao nibbāna, volta-se para o nibbāna, inclina-se para o nibbāna? Aqui, um monge desenvolve a visão correta… a concentração correta, que é baseada na reclusão, na imparcialidade, na cessação, encaminhando-se para a renúncia. É desse modo que um monge que desenvolve e cultiva o nobre caminho óctuplo se dirige ao nibbāna, volta-se para o, nibbāna, inclina-se para o nibbāna.

(45:103) "E como, monges, um monge que desenvolve e cultiva o nobre caminho óctuplo se dirige ao nibbāna, volta-se para o nibbāna, inclina-se para o nibbāna? Aqui, um monge desenvolve a visão correta… a concentração correta, que tem como sua culminância a remoção da luxúria, do ódio, da ilusão. É de um modo assim que um monge que desenvolve e cultiva o nobre caminho óctuplo se dirige ao nibbāna, volta-se para o nibbāna, inclina-se para o nibbāna."

7. Nadīsutta

O rio (SN 45:160; V 53-54)

"Monges, o Rio Ganges se dirige ao leste, volta-se para o leste, inclina-se para o leste. Suponham agora que uma grande multidão de pessoas venha com uma pá e um cesto, dizendo: 'Vamos fazer esse Rio Ganges se dirigir ao oeste, voltar-se para o oeste, inclinar-se para o oeste'. O que vocês acham, monges: essa grande multidão pode fazer o Rio Ganges se dirigir ao oeste, voltar-se para o oeste, inclinar-se para o oeste?"

"Certamente não, Bhante. Por qual razão? O Rio Ganges se dirige ao leste, volta-se para o leste, inclina-se para o leste, de modo que não é fácil fazê-lo se dirigir ao oeste, voltar-se para o oeste, inclinar-se para o oeste. No fim, essa grande multidão obteria apenas fadiga e angústia".

"Do mesmo modo, monges, reis ou ministros da realeza, amigos ou associados, parentes ou familiares, poderiam convidar um monge que estivesse desenvolvendo e cultivando o nobre caminho óctuplo a receber riqueza, dizendo: 'Venha, bom homem, por que esses mantos tingidos têm de queimar você? Por que você vagueia por aí com uma cabeça raspada e uma tigela de esmolas? Venha, tendo retornado à vida laica, desfrute a riqueza e feitos meritórios'.

"Monges, é impossível que um monge que esteja desenvolvendo e cultivando o nobre caminho óctuplo rejeite o treinamento e retorne à vida laica. Por qual razão? Porque, por um longo tempo, sua mente se dirigiu à reclusão, voltou-se para a reclusão, inclinou-se para a reclusão, é impossível que retorne à vida laica.

"E como, monges, um monge desenvolve e cultiva o nobre caminho óctuplo? Aqui, um monge desenvolve a visão correta… a concentração correta, que é baseada na reclusão, na imparcialidade, na cessação, encaminhando-se para a renúncia. É desse modo que um monge desenvolve e cultiva o nobre caminho óctuplo."

8. Oghavagga

O capítulo sobre os transbordamentos (SN 45:171-180; V 58-62)

"Monges, há esses quatro transbordamentos. Quais quatro? O transbordamento da sensualidade, o transbordamento da existência, o transbordamento das visões, o transbordamento da ignorância. Esses são os quatro transbordamentos. Esse nobre caminho óctuplo deve ser desenvolvido para dirigir o conhecimento desses quatro transbordamentos, para sua compreensão plena, para sua destruição completa, para seu abandono.

"Monges, há esses quatro vínculos. Quais quatro? O vínculo da sensualidade, o vínculo da existência, o vínculo das visões, o vínculo da ignorância. Esses são os quatro vínculos. Esse nobre caminho óctuplo deve ser desenvolvido para o conhecimento direto desses quatro vínculos, para sua compreensão plena, para sua destruição completa, para seu abandono.

"Monges, há esses quatro tipos de apego. Quais quatro? O apego ao prazer sensual, o apego às visões, o apego aos preceitos e observâncias, o apego a uma doutrina do si-mesmo. Esses são os quatro tipos de apego. Esse nobre caminho óctuplo deve ser desenvolvido para o conhecimento direto desses quatro tipos de apego, para sua compreensão plena, para sua destruição completa, para seu abandono.

"Monges, há esses quatro nós. Quais quatro? O nó corporal da cobiça, o nó corporal da má vontade, o nó corporal da apreensão errada de preceitos e observâncias, o nó corporal da adesão a asserções dogmáticas da verdade. Esses são os quatro nós. Esse nobre caminho óctuplo deve ser desenvolvido para o conhecimento direto desses quatro nós, para sua compreensão plena, para sua destruição completa, para seu abandono.

"Monges, há essas sete tendências. Quais sete? A tendência à luxúria sensual, a tendência à aversão, a tendência a visões, a tendência à dúvida, a tendência à presunção, a tendência à luxúria pela existência, a tendência à ignorância. Essas são as sete tendências. Esse nobre caminho óctuplo deve ser desenvolvido para o conhecimento direto dessas sete tendências, para sua compreensão plena, para sua destruição completa, para seu abandono.

"Monges, há essas cinco cordas do prazer sensual. Quais cinco? Formas reconhecíveis pelo olho... sons cognoscíveis pelo ouvido... odores cognoscíveis pelo nariz... sabores cognoscíveis pela língua... objetos táteis cognoscíveis pelo corpo... objetos mentais cognoscíveis pela mente que são ansiados, desejados, agradáveis, de uma natureza prazerosa, conectados à sensualidade, tentadores. Essas são as cinco cordas do prazer sensual. Esse nobre caminho óctuplo deve ser desenvolvido para o conhecimento direto dessas cinco cordas do prazer sensual, para sua compreensão plena, para sua destruição completa, par[a seu abandono.

"Monges, há esses cinco impedimentos. Quais cinco? O impedimento do desejo sensual, o impedimento da má vontade, o impedimento do tédio e da letargia, o impedimento da inquietação e do arrependimento, o impedimento da dúvida. Esses são os cinco impedimentos. Esse nobre caminho óctuplo deve ser desenvolvido para o conhecimento direto desses cinco impedimentos, para sua compreensão plena, para sua destruição completa, para seu abandono.

"Monges, há esses cinco agregados-de-apego. Quais cinco? O agregado-de-apego à forma, o agregado-de-apego à sensação, o agregado-de-apego à percepção, o agregado-de-apego às atividades volicionais, o agregado-de-apego à consciência. Esses são os cinco agregados-de-apego. Esse nobre caminho óctuplo deve ser desenvolvido para o conhecimento direto desses cinco agregados-de-apego, para sua compreensão plena, para sua destruição completa, para seu abandono.

"Monges, há essas cinco restrições inferiores. Quais cinco? A visão do conjunto pessoal, a dúvida, a apreensão errada de preceitos e observâncias, o desejo sensual e a má vontade. Essas são as cinco restrições inferiores. Esse nobre caminho óctuplo deve ser desenvolvido para o conhecimento direto dessas cinco restrições inferiores, para sua compreensão plena, para sua destruição completa, para seu abandono.

"Monges, há essas cinco restrições superiores. Quais cinco? A luxúria pela forma, a luxúria pela ausência de forma, a presunção, a inquietação, a ignorância. Essas são as cinco restrições superiores. Esse nobre caminho óctuplo deve ser desenvolvido para o conhecimento direto dessas cinco restrições superiores, para sua compreensão plena, para sua destruição completa, para seu abandono.

"Que nobre caminho óctuplo? Aqui, um monge desenvolve a visão correta... a concentração correta, que é baseada na reclusão, na imparcialidade, na cessação, encaminhando-se para a renúncia. Esse nobre caminho óctuplo deve ser desenvolvido para o conhecimento direto dessas cinco restrições superiores, para sua compreensão plena, para sua destruição completa, para seu abandono.

"Que nobre caminho óctuplo? Aqui, um monge desenvolve a visão correta... a concentração correta, que tem como sua culminância a remoção da luxúria, do ódio, da ilusão... que tem o imortal como sua base, como sua destinação, como sua culminação... que se dirige, volta-se e se inclina para o nibbāna. Esse nobre caminho óctuplo deve ser desenvolvido para o conhecimento direto dessas cinco restrições superiores, para sua compreensão plena, para sua destruição completa, para seu abandono."

6
O INCONDICIONADO
O OBJETIVO

INTRODUÇÃO

O tema deste capítulo curto é o incondicionado (*asaṅkhata*), uma designação para o nibbāna. Enquanto o aspecto da cessação da originação dependente incluído no capítulo 4 mostra o objetivo do dhamma através de uma série de negações, o presente capítulo mostra o objetivo mais direta e explicitamente sob trinta e dois epítetos, incluindo o nibbāna. Como é característico dos Nikāyas, o objetivo é ainda basicamente descrito em termos negativos: como o incondicionado, o não inclinado, o que não envelhece, o que não se desintegra, e assim por diante. Mesmo a definição do incondicionado como "a destruição da luxúria, do ódio, da ilusão" tem um tom negativo.

Quando o nibbāna é descrito como a destruição da luxúria, do ódio e da ilusão, isso naturalmente levanta a pergunta de se é simplesmente a erradicação das impurezas ou um estado ou dimensão transcendente que supõe a destruição delas. Um sutta no Itivuttaka (§ 44), um texto canônico curto, fala sobre dois "elementos do nibbāna". O elemento do nibbāna com resíduo remanescente (*sa-upādisesā nibbānadhātu*), é definido como a destruição da luxúria, do ódio, da ilusão alcançada pelo arahant vivo. Mas quanto ao elemento do nibbāna sem resíduo remanescente (*anupādisesā nibbānadhātu*), o texto meramente diz que para o arahant, "todas as sensações, não sendo apreciadas, imediatamente esfriarão". Esses dois elementos do nibbāna representam respectivamente o nibbāna durante a vida e o nibbāna atingido com o fenecimento do arahant, e, em ambos os casos, sua caracterização aqui parece negativa. Mas outros suttas falam do nibbāna como um estado que é "não nascido, não produzido, inadequado e incondicionado" (Udāna § 73), ou como uma "base" (*āyatana*) na qual nenhum dos fenômenos incondicionados do mundo pode ser encontrado. Nessa base, é dito que não há "ir, vir, ficar parado; é não estabelecido, imutável, sem surgir nem perecer, sem um apoio" (Udāna § 71). Essas descrições, embora crípticas e ainda expressas por meio de negações, apontam para o nibbāna como um estado transcendente, sempre-existente, que torna possível a libertação do ciclo de nascimento e morte.

O próprio nibbāna é exterior e além dos cinco agregados que constituem a pessoa existente, mas deve ser entendido e experienciado dentro da pessoa através da penetração pela sabedoria da verdadeira natureza dos cinco agregados. Os suttas nunca identificam o nibbāna com a consciência, que é sempre tratada como um fenômeno condicionado, surgido na dependência das bases e objetos dos sentidos. Mas, enquanto incondicionado, o nibbāna deve ser conhecido e visto por uma constelação de fatores mentais que ocorrem em um estado de consciência no qual a sabedoria desempenha o papel dominante. A consciência que entende o nibbāna é um fenômeno condicionado, enquanto o próprio nibbāna é incondicionado. Esse entendimento experiencial do nibbāna é atingido pelo cultivo do caminho que leva ao incondicionado, um caminho que reúne concentração e *insight* num equilíbrio harmonioso. Assim, um sutta nos diz que, quando o monge assentou a mente e contemplou completamente os cinco agregados como impermanentes, sofrimento e não si-mesmo, em um certo momento, "ele afasta a mente dessas coisas e foca o elemento imortal" (*so tehi dhammehi cittaṃ paṭivāpetvā amatāya dhātuyā cittaṃ upasaṃharati*). Portanto, ele atinge ou "a destruição dos influxos" – ou seja, a condição de arahant – ou o estágio de não retornante (MN 64, I 435-436).

Nos suttas que constituem o Asaṅkhatasaṃyutta, capítulo 43 do Saṃyutta Nikāya, a ênfase não é em uma compreensão teórica do nibbāna, mas no caminho que leva ao objetivo. O caminho é mostrado tomando primeiro o termo "incondicionado" (*asaṅkhata*) como representando o objetivo da prática e depois expondo o caminho a partir de diferentes ângulos. Embora o caminho possa ser descrito diferentemente nesses suttas, as diferentes descrições meramente encabeçam diferentes grupos de fatores que entram no caminho; não supõem que haja caminhos diferentes para o objetivo final.

O sutta de abertura proclama a atenção plena dirigida ao corpo para constituir o caminho. Esse sutta é então expandido em duas etapas. Na primeira, é detalhado tomando dez outros conjuntos de fatores coletivamente como a via para o incondicionado. Os dez são: (1) serenidade e *insight*; (2) três tipos de concentração – aquelas associadas a pensamento e exame, aquelas dissociadas de pensamento, mas combinadas a exame, e aquelas completamente dissociadas de pensamento e exame; (3) três outros tipos de concentração – o vazio, a ausência de sinal e concentrações sem desejo; (4) os quatro estabelecimentos da atenção plena; (5) os quatro esforços corretos; (6) as quatro bases para o poder espiritual; (7) as cinco faculdades espirituais; (8) os cinco poderes; (9) os sete fatores de iluminação; e (10) o nobre caminho óctuplo. Cada conjunto constitui um sutta separado.

Assim, incluindo a atenção plena dirigida ao corpo, obtemos onze suttas, SN 43:1-11. O próximo sutta, SN 43:12, contém quarenta e cinco subdivisões. Aqui, serenidade e *insight* são tratados *separadamente* como o caminho ao incondicionado, e depois cada fator dentro dos grupos mencionados acima é tratado como um caminho distinto ao incondicionado. Assim, serenidade e *insight* constituem dois suttas, enquanto os dois conjuntos de três concentrações nos dão mais seis. Quando acrescentamos esses oito aos trinta e sete auxílios à iluminação reunidos nos sete grupos, obtemos um total de quarenta e cinco suttas traçando o caminho ao incondicionado.

Esse padrão inteiro é depois aplicado ao objetivo descrito pelos trinta e um epítetos, do não inclinado (*anata*) à destinação (*parāyaṇa*). Como o caminho que leva à destinação começa com a atenção plena dirigida ao corpo, isso significa que as cinquenta e seis versões do caminho (os onze de 45:1-11 mais os quarenta e cinco de 45:12) devem ser combinados a cada um dos trinta e um epítetos seguintes do nibbāna para um total de 1.736 suttas. Todas as edições impressas deste capítulo comprimem severamente a apresentação do material, mas é possível que na época em que a tradição oral predominava, recitadores proferissem inteiramente cada sutta.

Cada sutta obtido por meio desse processo de permutações termina com a mesma exortação: "Meditem, monges, não sejam negligentes. Não se arrependam depois. Essa é nossa instrução para vocês." Assim, para o Buda, teorias especulativas sobre o objetivo final dão lugar à necessidade de aplicação prática. O que prevalece sobre tudo o mais é o esforço para entender o objetivo na própria experiência de alguém.

1. Asaṅkhatasutta

O incondicionado (SN 43:1; IV 359)

"Ensinarei a vocês, monges, o incondicionado e o caminho que leva a ele. Ouçam isto. E o que é, monges, o incondicionado? A destruição da luxúria, do ódio e da ilusão: isso é chamado o incondicionado. E qual é o caminho que leva ao incondicionado? A atenção plena dirigida ao corpo: isso é chamado o caminho que leva ao incondicionado.

"Assim, monges, ensinei a vocês o incondicionado, o caminho que leva a ele. O que quer que um instrutor deva fazer por compaixão por seus discípulos – um que deseja seu bem-estar, que seja compassivo –, isso, fiz por vocês. Essas são as raízes das árvores, as cabanas vazias. Meditem, monges, não sejam negligentes. Não se arrependam depois. Essa é nossa instrução para vocês."

2. Anatasutta etc.

O não inclinado etc. (SN 43:13-43; IV 368-373)

"Ensinarei a vocês, monges, o não inclinado e o caminho que leva a ele... ensinarei a vocês o livre de influxo... a verdade... o além... o sutil... o muito difícil de ver... o que não envelhece... o que não se desintegra... o invisível... o que não se prolifera... o pacífico... o imortal... o sublime... o auspicioso... o seguro... a destruição do anseio... o impressionante... o maravilhoso... o não enfermo... o que não está sujeito a adoecer... o não aflito... a imparcialidade... a liberdade... o não apego... a ilha... a caverna... o abrigo... o refúgio... a destinação e o caminho que leva a ela. Ouçam isto. E o que, monges, é a destinação? A destruição da luxúria, do ódio, da ilusão: isso é chamado a destinação. E o qual é o caminho que leva a ela? A atenção plena dirigida ao corpo: isso é chamado o caminho que leva à destinação.

"Assim, monges, ensinei a vocês a destinação, o caminho que leva a ela. O que quer que um instrutor deva fazer por compaixão por seus discípulos – um que deseja seu bem-estar, que seja compassivo –, isso, fiz por vocês. Essas são as raízes das árvores, as cabanas vazias. Meditem, monges, não sejam negligentes. Não se arrependam depois. Essa é nossa instrução para vocês."

Glossário Páli-Português

1. *cattāri ariyasaccāni*: as quatro nobres verdades

dukkhaṃ ariyasaccaṃ: a nobre verdade do sofrimento

dukkhasamudayaṃ ariyasaccaṃ: a nobre verdade da origem do sofrimento

dukkhanirodhaṃ ariyasaccaṃ: a nobre verdade da cessação do sofrimento

dukkhanirodhagāminī paṭipadā ariyasaccaṃ: a nobre verdade do caminho que leva à cessação do sofrimento

2. *pañcupādānakkhandhā*: os cinco agregados de apego

rūpupādānakkhandha: a forma do agregado de apego

vedanupādānakkhandha: a sensação do agregado de apego

saññupādānakkhandha: a percepção do agregado de apego

saṅkhārupādānakkhandha: o agregado de apego das atividades volicionais

viññāṇupādānakkhandha: o agregado de apego da consciência

3. *cha ajjhattikāni āyatanānī*: as seis bases sensíveis internas

cakkhāyatana: a base visual

sotāyatana: a base auditiva

ghānāyatana: a base olfativa

jivhāyatana: a base gustativa

kāyāyatana: a base tátil

manāyatana: a base mental

4. *paṭiccasamuppāda*: originação dependente

avijjāpaccayā saṅkhārā: com ignorância como condição, atividades volicionais

saṅkhārapaccayā viññāṇaṃ: com atividades volicionais como condição, consciência

viññāṇapaccayā nāmarūpaṃ: com consciência como condição, nome-e-forma

nāmarūpapaccayā saḷāyatanaṃ: como nome-e-forma como condição, as seis bases sensíveis

saḷāyatanapaccayā phasso: com as seis bases sensíveis como condição, contato

phassapaccayā vedanā: com contato como condição, sensação
vedanāpaccayā taṇhā: com sensação como condição, anseio
taṇhāpaccayā upādānaṃ: com anseio como condição, apego
upādānapaccayā bhavo: com apego como condição, existência
bhavapaccayā jāti: com existência como condição, nascimento
jātipaccayā jarāmaraṇaṃ: com nascimento como condição, envelhecimento-e-morte
5.1 *cattāro satipaṭṭhānā*: os quatro estabelecimentos da atenção plena
kāye kāyānupassī: contemplando o corpo no corpo
vedanāsu vedanānupassī: contemplando as sensações nas sensações
citte cittānupassī: contemplando a mente na mente
dhammesu dhammānupassī: contemplando os fenômenos nos fenômenos
5.2 *satta bojjhaṅgā*: os sete fatores de iluminação
satisambojjhaṅga: o fator de iluminação da atenção plena
dhammavicayasambojjhaṅga: o fator de iluminação da discriminação de qualidades
viriyasambojjhaṅga: o fator de iluminação da energia
pītisambojjhaṅga: o fator de iluminação do êxtase
passaddhisambojjhaṅga: o fator de iluminação da tranquilidade
samādhisambojjhaṅga: o fator de iluminação da concentração
upekkhāsambojjhaṅga: o fator de iluminação da equanimidade
5.3 *ariya aṭṭhaṅgika magga*: o nobre caminho óctuplo
sammādiṭṭhi: visão correta
sammāsaṅkappa: intenção correta
sammāvācā: fala correta
sammākammanta: ação correta
sammā-ājīva: subsistência correta
sammāvāyāma: esforço correto
sammāsati: atenção plena correta
sammāsamādhi: concentração correta
6. *asaṅkhata*: o incondicionado
rāgakkhaya: a destruição da luxúria
dosakkhaya: a destruição do ódio
mohakkhaya: a destruição da ilusão

Referências

BODHI, B. *A Comprehensive manual of Abhidhamma: The philosophical psychology of Buddhism*. Kandy: Buddhist Publication Society, 1993.

BODHI, B. *The connected discourses of the Buddha: A translation of the Saṃyutta Nikāya*. Boston: Wisdom, 2000.

BODHI, B. *In the Buddha's words: An anthology of discourses from the Pāli canon*. Boston: Wisdom, 2005 [trad. bras. *Nas palavras do Buda*. Petrópolis: Vozes, 2020].

BODHI, B. *Reading the Buddha's discourses in Pāli: A practical guide to the language of the ancient Buddhist canon*. Somerville: Wisdom Publications, 2020.

MAHĀTHERA, N. *The word of the Buddha: An outline of the teachings of the Buddha in the words of the Pāli canon*. 16. ed. Kandy: Buddhist Publication Society, 1981.

ÑĀṆAMOLI, B. (trad.). *The path of purification (Visuddhimagga)*. 4. ed. Kandy: Buddhist Publication Society, 2010.

SUJATO, B.; AJAHN, B. 2014. *The authenticity of the early Buddhist texts*. https://buddhistuniversity.net/content/booklets/authenticity_sujato-brahmali